Isaak Leib Perez

LEBEN SOLLST DU

Ostjüdische Erzählungen
mit Bildern von Marc Chagall

Herausgegeben
von Annette Weber

Herder Freiburg · Basel · Wien

Aus dem Jiddischen von Mathias Acher

Band 10 der
Edition Herder
Erste Auflage 1993
© Verlag Herder Freiburg im Breisgau 1993
© für die Bilder: mit freundlicher Genehmigung
VG Bild-Kunst, Bonn 1992

Reproduktionen: Scan-Studio Hofmann GmbH, Freiburg
Herstellung: Freiburger Graphische Betriebe 1993
ISBN 3-451-23171-9

INHALT

EHEGLÜCK

Chaim ist Lastenträger. Wenn er durch die Gasse geht, gebückt unter seinem Trägergestell, sieht man ihn kaum. Es sieht dann so aus, als ginge ein Kasten allein auf zwei Füßen... aber das schwere Atmen hört man schon von weitem.

Doch eben hat er die Last abgeladen und seine paar Groschen bekommen. Er richtet sich auf, holt tief Atem, bindet die Rockschöße los, wischt den Schweiß vom Gesicht, geht zum Brunnen, trinkt einige Schluck Wasser und läuft in einen Hof hinein.

Er stellt sich hin, legt den riesigen Kopf so weit in den Nacken, daß die Spitze des Bartes, die Nase und der Schirm der Kappe in einer Ebene liegen, und ruft:

„Channe!"

Ein kleines Fenster unter dem Dache geht auf, ein Frauenköpfchen mit weißer Haube erscheint und antwortet:

„Chaim?!"

Die Eheleute sehen sich recht vergnügt an. Die Nachbarn sagen, sie kosen. Chaim wirft ihr seinen Erlös, in Papier eingewickelt, zu. Sie fängt ihn geschickt auf. Sie tut es nicht das erste Mal.

„Eine wunderbare Hausfrau", murmelt Chaim und hat keine rechte Lust fortzugehen.

„Geh' doch, Chaim, geh'!" sagt sie lächelnd. „Ich kann mich wegen des kranken Kindes nicht rühren... Ich habe die Wiege an den Ofen gestellt, und wiege nun mit dem Fuß, während ich mit der Hand abschäume."

„Wie geht es ihm?"

„Besser!"

„Gottlob! Und Hannele?"

„Ist bei der Näherin."

„Jossel?"

„In der Schule."

Chaim läßt den Bart wieder sinken und geht. Channe sieht ihm so lange nach, bis er ihren Blicken entschwindet. Am Donnerstag und Freitag dauert es länger.

„Wieviel hast du da im Papier?" fragt Channe.

„Zweiundzwanzig Groschen."

„Ich fürchte, das wird zu wenig sein."

„Was brauchst du denn, Channe?"

„Für einen Sechser Salbe fürs Kind, für einige Groschen Lichter, Schabbatbrot hab ich schon... Fleisch auch, einundeinhalbes Pfund... Nun noch Branntwein für Kiddusch[1] dann."

Und sie zählt auf, was sie noch alles für den Schabbat nötig hat. Zum Schluß werden sie einig, daß man auch über Challe, das Schabbatbrot, Kiddusch machen könne

---

[1] Kiddusch: Am Freitagabend wird der Schabbat mit dem Segen über Wein bzw. Branntwein und Brot eingeleitet; diese Zeremonie nennt man „Kiddusch machen".

und daß eine Menge von den ausgerechneten Dingen ganz gut entbehrlich sei. Die Hauptsache ist, daß Schabbatlichter da sind und Salbe fürs Kind! Wenn die Kinder nur gesund, die Messingleuchter nicht versetzt sind und wenn es vielleicht gar noch „Kugel"[2] gibt – dann haben die Eheleute einen fröhlichen Schabbat!

Channe versteht sich nämlich wunderbar aufs Zubereiten von „Kugel". Jedesmal fehlt es ihr an etwas anderem, an Mehl, Eiern, Fett, – und doch kommt schließlich ein fetter, süßer, erquickender „Kugel" heraus, der einem förmlich auf der Zunge zergeht.

„Der Engel kocht ihn", meint Channe, glückselig lächelnd.

„Ja, ein Engel, gewiß ein Engel", lacht Chaim. „Du meinst, daß du selbst ein kleiner Engel bist, weil du's mit mir und den Kindern aushältst... Wie oft plagen sie dich! Auch ich werde manchmal zornig. Und höre ich denn je ein Fluchwort von dir, wie andere von ihren Weibern? Und hast du denn viel Freude von mir? Du und die Kinder haben nichts zum Anziehen. Ich taug' ja zu nichts, nicht zu Kiddusch, nicht zu Hawdoleh[3], nicht einmal ordentlich die Schabbatlieder singen kann ich..."

---

[2] Kugel: Auflaufartiges Schabbatgericht, das süß oder salzig zubereitet werden kann.

[3] Hawdoleh: Von hawdala = Unterscheidung zwischen Schabbat und Wochentag; den Schabbat läßt man am Samstagabend mit dem Segen über Wein und Licht und dem Herumreichen eines Behälters mit wohlriechenden Gewürzen ausklingen.

„Bist dennoch ein guter Vater und ein guter Mann!...
Ein so gutes Jahr mir und ganz Israel!... Möge uns nur
Gott miteinander alt werden lassen!"

Und die Eheleute blicken sich in die Augen, so liebe-
voll, so warm, so mit dem ganzen Herzen, als wären sie
eben von der Trauung gekommen.

Bei Tische wird's noch lustiger.

Nach dem Schlaf geht Chaim in die kleine Schul',
Gottes Wort hören. Ein Kinderlehrer trägt den einfachen
Leuten einen Talmudkommentar vor. Es ist heiß. Die
Hörer haben noch verschlafene Gesichter. Einer holt
noch ein bißchen Schlummer nach. Der zweite gähnt
laut. Aber plötzlich, wie die Rede auf jene Welt kommt,
auf die Hölle, wo die Bösewichter mit eisernen Ruten ge-
peitscht werden, und auf das lichte Paradies, wo die Gerechten goldene Kronen auf den Köpfen tragen und,
Gottes Wort lernend, dasitzen – werden alle munter. Die
Münder weit geöffnet, die Gesichter rot! Alles hört atem-
los zu, wie es in jener Welt aussehen wird.

Chaim steht gewöhnlich am Ofen. Er hat Tränen in
den Augen, seine Hände und Füße zittern. Er ist ganz in
jener Welt. Leidet mit den Bösewichtern, badet in
heißem Pech, wird mit dem großen Löffel geworfen,
sammelt Späne in öden Wäldern... Alles das lebt er
durch. Kalter Schweiß bedeckt ihn. Dafür genießt er
gleich darauf Seligkeit mit allen Frommen. Das lichte
Paradies, die Engel, der Leviathan, der wilde Ochse und
alle guten Dinge stehen ihm so lebendig, so greifbar vor

Ich und das Dorf, 1923/26

Augen. Sowie der Kinderlehrer aufhört, das Buch küßt und zuklappt, fährt er wie aus einem Traum auf, ganz wie aus *jener* Welt.

Er holt tief Atem – er hatte ihn die ganze Zeit angehalten – und sagt:

„Herr der Welt! Wenigstens ein Stückchen, ein Endchen, einen Brocken Seligkeit... für mich, mein Weib und meine Kinderchen."

Und wird traurig. Er fragt sich:

„Wieso denn aber auch? Wofür?"

Einmal ging er nach dem Vortrag auf den Lehrer zu.

„Rebbe", sagte er mit zitternder Stimme zu ihm, „gebt mir einen Rat, wie ich mir Seligkeit verdienen kann."

„Lern' Thora, mein Kind", lautet die Antwort.

„Ich kann ja nichts."

„So lern' Mischnajess, Ejn Jaakow oder wenigstens Perek[4]."

„Auch das kann ich nicht."

„Lies Psalmen!"

„Ich hab' keine Zeit."

„So bete ernsthaft!"

„Ich verstehe nicht, was ich bete, die Gebete sind hebräisch."

Der Melamed sieht ihn mitleidig an.

„Was bist du?" fragt er.

„Ein Träger."

---

[4] Mischnajess, Ejn Jaakow ... Perek: Kommentare aus dem Talmud.

„Nun, so bediene gelehrte Männer."

„Wie das?"

„Bringe zum Beispiel jeden Abend einige Kannen Wasser ins Lehrhaus, damit die Gelehrten zu trinken haben."

Chaim ist freudig bewegt.

„Rebbe", fragt er weiter, „und mein Weib?"

„Wenn der Mann auf einem Stuhl im Paradiese sitzt, ist das Weib sein Schemel."

Als Chaim heimkam, um Hawdoleh zu machen, saß Channe da und betete: „Gott Abrahams." Ihr Anblick ergriff ihn.

„Nein, Channe", ruft er, auf sie zustürzend, „nein, ich will es nicht, daß du mein Fußschemel sein sollst. Ich werde mich zu dir niederbeugen, dich emporheben und dich neben mich setzen. Wir werden zusammen auf einem Stuhl sitzen, so wie jetzt. Wir sind so glücklich, zusammen. Hörst du, Channe, auf einem Stuhl wirst du mit mir sitzen.

Gott wird es zugeben *müssen*!"

BONZE SCHWEIG

Hier, auf dieser Welt, machte Bonze Schweigs Tod gar keinen Eindruck. Kein Mensch weiß, wer Bonze war, wie er lebte und woran er starb. Ob ihm das Herz stillstand, ob ihm die Kräfte ausgingen oder ob ihm die Wirbelsäule unter einer schweren Last brach... Vielleicht starb er auch Hungers! Wer kann's wissen?

Fiele ein Trambahnpferd tot um, man würde sich mehr darum bekümmern. Die Zeitungen würden darüber schreiben, hunderte Menschen liefen aus allen Gassen zusammen, um das tote Tier zu begaffen oder wenigstens den Ort zu besehen, wo der Unfall sich ereignete. Allerdings, das Trambahnpferd genösse auch nicht soviel Wertschätzung, wenn es so viele Pferde wie Menschen gäbe – tausend Millionen!

Bonze lebte und starb still. Wie ein Schatten glitt er über unsere Welt!

Bei Bonzes Beschneidungsfest trank man keinen Wein, klangen keine Becher. Zu seiner Bar-Mizwa[5] hielt er keine tönende Predigt. Er lebte wie ein graues Sand-

---

[5] Bar Mizwa wird aus Anlaß der religiösen Volljährigkeit, zum 13. Geburtstag eines Knaben in der Synagoge gefeiert. Der Knabe dokumentiert durch die Teilnahme an der Thoralesung und durch eine Predigt, daß er in der Lage ist, die religiösen Pflichten zu übernehmen.

körnlein am Meeresstrand, zwischen Millionen seinesgleichen. Und wenn es der Wind aufhob und auf die andere Seite des Meeres trug, bemerkte es niemand.

Während seines Lebens ließ sein Fuß keine Spur im Straßenmorast zurück. Nach dem Tode warf der Wind das kleine Brett auf seinem Grabe um; das Weib des Totengräbers fand es weit abseits, machte Feuer damit und kochte sich einen Topf Kartoffeln darauf. Drei Tage nach Bonzes Tod hatte der Totengräber keine Ahnung mehr, wohin er ihn gebettet hatte!

Hätte Bonze einen Grabstein bekommen, vielleicht hätte hundert Jahre später ein Altertumsforscher diesen gefunden, und der Name Bonze Schweig hätte doch noch einmal durch unsere Luft gehallt.

Ein Schatten! Sein Bild blieb in niemandes Hirn, in niemandes Herz. Es blieb keine Erinnerung an ihn.

Einsam lebte er und einsam starb er!

Wollten die Menschen nicht soviel Lärm machen, so hätte ja vielleicht einmal irgend jemand die Wirbelsäule Bonzes unter der Last knacken gehört. Hätte die Welt mehr Zeit, so würde vielleicht auch einmal irgend jemand bemerkt haben, daß Bonze (auch ein Mensch!) als Lebender zwei erloschene Augen und fürchterlich eingefallene Wangen hatte; daß er, auch wenn er keine Last trug, den Kopf zur Erde gesenkt hielt, gleich als suchte er im Leben sein Grab! Gäbe es nicht mehr Menschen als Trambahnpferde, würde vielleicht jemand einmal fragen: „Was ist aus Bonze geworden?"

Als man Bonze ins Spital brachte, blieb sein Winkel im Souterrain nicht leer. Zehn seinesgleichen warteten darauf und versteigerten ihn untereinander. Als man Bonze aus dem Spitalbett in die Totenkammer brachte, warteten zwanzig arme Kranke auf das Bett. Als man ihn aus der Totenkammer trug, brachte man zwanzig herein, die von einem einstürzenden Haus begraben worden waren. Und wer weiß, wie lange er ruhig im Grabe liegen wird, wieviel schon auf das Stückchen Platz warten...

Still geboren, still gelebt, still gestorben und noch stiller begraben...

Anders aber war es auf *jener* Welt. Dort machte Bonzes Tod einen gewaltigen Eindruck.

Die große Posaune, die dereinst den Messias ankündigen soll, schmetterte durch alle sieben Himmel: Bonze Schweig ist erlöst! Die ersten Engel, die mit den breitesten Flügeln, flogen daher und brachten einer dem andern die Kunde: „Bonze kommt in die Gemeinschaft der Himmlischen!" Im Garten Eden ist Aufruhr, Freude, Lärm: „Bonze Schweig! Kein geringerer als Bonze Schweig!"

Junge Engelchen mit Brillant-Äuglein, Flügelchen aus Golddrahtarbeit und silbernen Pantöffelchen an den Füßen liefen Bonze jubelnd entgegen. Das Rauschen der Flügel, das Klappern der Pantöffelchen und das frohe Lachen der jungen, frischen, rosigen Engelchen erfüllte alle Himmel und drang bis zum Throne Gottes. Und Gott selber wußte schon, daß Bonze Schweig gekommen war.

Vater Abraham stellte sich vor dem Himmelstor auf und streckte die Rechte zu einem breiten „Schalom alejchem! Friede mit Euch!" hin. Ein warmes Lächeln erhellte sein altes Gesicht.

Was rollt da im Himmel?

Zwei Engel haben für Bonze einen Lehnstuhl aus gediegenem Gold in den Garten Eden gerollt!

Was hat da so aufgeblitzt?

Man brachte eine goldene Krone mit den teuersten Steinen herein. Alles für Bonze!

„Noch vor dem Urteil des göttlichen Gerichtes?" fragen die Frommen verwundert und nicht ganz ohne Neid.

„O", antworten die Engel, „das wird eine bloße Formalität sein! Gegen Bonze Schweig wird nicht einmal Satan ein Wort finden. Die Verhandlung wird fünf Minuten dauern!"

„Ihr habt wohl keine Ahnung, wer Bonze Schweig ist?"

Aber Bonze, als ihn die Engel in den Lüften faßten und vor ihm musizierten, als Vater Abraham ihm wie einem alten Kameraden die Hand drückte, als er hörte, daß schon sein Stuhl für ihn im Garten Eden bereit stehe, daß eine Krone seines Kopfes harre und daß man im göttlichen Tribunal nicht ein überflüssiges Wort über ihn sprechen wolle – Bonze schwieg. Schwieg vor

Schreck, wie immer in der früheren Welt! Das Herz blieb ihm stehen. Kein Zweifel, er träumt, oder es ist ein Irrtum!

Er ist an beides gewöhnt. Mehr als einmal hat er auf jener Welt geträumt, daß er vom Fußboden Geld aufklaube. Ganze Schätze lagen da... Und wie er aufwachte, war er noch ärmer als Tags vorher gewesen... Und mehr als einmal hatte ihm irgendwer irrtümlich zugelächelt, ein freundliches Wort gesagt, dann aber sich umgewendet und ausgespuckt...

„Das ist schon so mein Glück," denkt er.

Er hat Angst, aufzuschauen, damit der Traum nicht verschwände, und damit er sich nicht in irgendeiner Höhle, unter Schlangen und Echsen fände! Er fürchtet, einen Laut von sich zu geben, sich zu rühren, damit man ihn nicht erkenne und in die Hölle schleudere!

Er zittert und hört nicht die Komplimente der Engel, sieht die Tänze nicht, die sie um ihn aufführen, erwidert Abrahams herzlichen Gruß nicht und, vor das göttliche Tribunal geführt, sagt er nicht „Guten Morgen!"

Er ist außer sich vor Schreck!

Und sein Schreck wuchs, als er unwillkürlich den Fußboden des Gerichtssaales erblickte. Reiner Alabaster mit Brillanten! „Auf solchem Fußboden stehen meine Füße!" Er wird ganz starr. Wer weiß, wen man da meint, welchen vornehmen Mann, welchen Rabbi, welchen Frommen... „Wenn er kommt, wird's mir schlimm gehen!"

Vor Schreck hörte er nicht einmal, wie der Vorsitzende laut „Verhandlung Bonze Schweig!" ausrief und, dem Verteidiger die Akten übergebend, sagte: „Lies, doch mach's kurz!"

Bonze hat die Empfindung, daß sich der Saal um ihn dreht, daß es in seinen Ohren rauscht. Doch hört er die fiedelsüße Stimme des ihn verteidigenden Engels immer deutlicher:

„Sein Name" – so hört er – „paßte ihm wie ein Kleid aus eines Künstlers Hand auf einen schlanken Leib."

„Was spricht er da?" fragt sich Bonze und hört, wie eine ungeduldige Stimme dazwischen ruft:

„Nur keine Gleichnisse!"

„Er hat sich niemals," fährt der Verteidiger fort, „über irgend jemanden beklagt, weder über Gott noch über die Menschen. Niemals flammte ein Funke des Hasses in seinem Auge auf, er hob es niemals anspruchsvoll zum Himmel."

Bonze versteht weiter nichts, und die strenge Stimme fährt wieder dazwischen:

„Keine Rhetorik!"

„Hiob hielt nicht stand, und er war unglücklicher als Hiob –"

„Tatsachen, nackte Tatsachen!" ruft noch ungeduldiger der Vorsitzende.

„Als er acht Tage alt war, beschnitt man ihn –"

„Nicht zu realistisch!"

„Ein Pfuscher von Operateur hemmte das Blut nicht –"

Der Zeitungsverkäufer, 1914

„Weiter!"

„Er schwieg auch", führt der Verteidiger weiter aus, „als ihm die Mutter starb und er mit dreizehn Jahren eine Stiefmutter bekam – eine Schlange von einer Stiefmutter, ein böses Weib."

„Sollte doch von dir die Rede sein?" denkt Bonze.

„Nur keine Anschuldigungen gegen dritte Personen!" zürnt der Vorsitzende.

„Sie pflegte ihm jeden Bissen zu neiden, gab ihm altes, verschimmeltes Brot... Sehnen statt Fleisch... Natürlich trank *sie* Kaffee mit Sahne –"

„Zur Sache!" schreit der Vorsitzende.

„Dafür sparte sie nicht mit Mißhandlungen. Die Spuren ihrer Nägel sah man durch alle Löcher der zerrissenen, fadenscheinigen Kleider... In den strengsten Frösten mußte er auf dem Hofe barfuß Holz für sie hacken, da waren die Hände noch zu jung und schwach, die Scheite zu dick, die Hacke zu stumpf. Mehr als einmal verrenkte er sich das Handgelenk, mehr als einmal litten seine Füße unter dem Frost. Er aber schwieg, selbst dem Vater gegenüber –"

„Gegenüber dem Trunkenbold!" unterbricht der Ankläger höhnisch. Bonze überläuft es kalt.

„– klagte er nicht," beendet der Verteidiger den Satz.

„Und immer verlassen", fährt er fort, „kein Kamerad, keine Schule, kein ganzes Kleid, kein freier Augenblick –"

„Tatsachen!" mahnt wieder der Vorsitzende.

„Auch später schwieg er, als ihn der betrunkene Vater einmal in einer Winternacht an den Haaren faßte und auf die Straße warf. Wortlos erhob er sich aus dem Schnee und lief, wohin ihn die Augen führten.

Auf dem ganzen Wege schwieg er. Vom stärksten Hunger geplagt, bettelte er nur mit den Augen.

Erst in einer stürmischen, feuchten Frühlingsnacht kam er in eine große Stadt. Wie ein Tropfen ins Meer fällt, so kam er hinzu, und mußte doch dieselbe erste Nacht im Arrest verbringen... Er schwieg, fragte nicht: Warum, wofür? Er kam wieder frei und suchte die schwerste Arbeit. Und schwieg! Schwerer als die Arbeit selbst war es, sie zu finden. Er schwieg.

In kaltem Schweiß gebadet, unter der schwersten Last keuchend, in Hungerkrämpfen – schwieg er!

Von fremdem Morast überspritzt, aus fremden Mäulern bespuckt, mit seinen Lasten vom Gehweg auf die Straße gestoßen, zwischen Droschken, Karossen und Trambahnen gestoßen, jeden Augenblick dem Tode ins Auge schauend, schwieg er!

Nie rechnete er aus, wieviel von seiner Last auf einen Groschen kommt, wievielmal er um einen Dreier hinfiel, wievielmal er am Ende seiner Kraft war, als er seinen Lohn forderte. Er rechnete weder seinem noch des Nächsten Schicksale nach, sondern schwieg!

Und seinen Lohn forderte er auch nicht laut. Er stellte sich wie ein Bettler vor die Tür, eine hündische Bitte in den Augen. Hieß es: „Komm später!", so verschwand er lautlos wie ein Schatten, um, was ihm gebührte, später noch stiller zu erbetteln.

Selbst, wenn man ihm von seinem Lohn was abzwackte oder eine falsche Münze dazwischen mengte, schwieg er... Immer und immer schwieg er."

„Man meint also doch mich", tröstet sich Bonze.

„Einmal", fährt nach einem Schluck Wasser der Verteidiger fort, „trat eine Änderung in seinem Leben ein... Eine Kutsche auf Gummirädern rast daher... Der Kutscher liegt schon längst mit gespaltenem Schädel am Boden, aus den Mäulern der erschrockenen Rosse spritzt der Schaum, Funken sprühen aus ihren Hufeisen, ihre Augen blitzen – und im Wagen sitzt, mehr tot als lebendig, ein Mensch!

Und Bonze hielt die Pferde auf.

Der Gerettete war ein wohltätiger Mann und vergaß Bonze die Tat nicht.

Er übergab ihm die Peitsche des Verunglückten. Bonze wurde Kutscher. Noch mehr – er verheiratete ihn. Ja, noch mehr – er ließ ihn Vater werden...

Und Bonze schwieg!"

„Ja, von mir ist die Rede!" denkt Bonze mit Zuversicht, hat aber noch immer den Mut nicht, auf das Tribunal einen Blick zu werfen...

Er lauscht dem verteidigenden Engel weiter.

„Er schwieg sogar, als bald darauf sein Wohltäter bankrott wurde und ihm seinen Lohn nicht auszahlen konnte.

Er schwieg selbst, als ihm das Weib entlief und einen Säugling zurückließ.

Selbst fünfzehn Jahre später, als das Kind herangewachsen war und ihn auf die Straße warf, schwieg er!"

„Mich, mich meint man!" frohlockte Bonze.

„Er schwieg sogar", beginnt der Engel mit weicherer und trauriger Stimme, „als sein Wohltäter mit allen Gläubigern einen Ausgleich schloß und nur ihm nicht einen Groschen von seinem Lohn gab. Ja, er schwieg noch, als jener wieder in einer Kutsche mit Gummirädern und mit Rossen, wie die Löwen dahinrasend, ihn überfuhr.

Er schwieg noch immer, sagte nicht einmal der Polizei, wer ihn so zugerichtet habe...

Er schwieg selbst im Spital, wo man doch schreien sollte.

Er schwieg sogar, als der Doktor ohne fünfzehn Kopeken Honorar nicht an sein Bett treten und der Wärter ohne fünf ihm nicht frische Wäsche geben wollte!

Er schwieg im Todeskampfe, er schwieg im Sterben...

Nicht ein Wort gegen Gott, nicht ein Wort gegen die Menschen! –

Ich habe gesprochen!"

Bonze beginnt wieder am ganzen Leibe zu zittern. Er weiß, daß nach dem Verteidiger der Ankläger kommt. Wer weiß, was der sagen wird. Bonze selbst erinnert sich seines Lebens nicht... Der Verteidiger hatte ihn an manches erinnert... Wer weiß, woran ihn der Ankläger erinnern wird!

„Meine Herren", beginnt eine scharfe, stechende, beißende Stimme. –

Doch er unterbricht sich. –

„Meine Herren", fängt er noch einmal an, nur weicher, und unterbricht sich wieder.

Endlich vernimmt man aus demselben Munde eine Stimme von beinahe mildem Klang.

„Meine Herren! Er schwieg! So will auch ich schweigen!"

Es wird still – und nun hört man eine neue, weiche, zitternde Stimme:

„Bonze, mein Kind!" ruft es wie Harfenklang, „Bonze, mein liebes Kind!"

Bonzes Herz zerfließt in Tränen. Jetzt möchte er schon die Augen öffnen, aber die sind vor Tränen dunkel. Niemals war ihm so süß-traurig zumute... „Mein Kind! Mein Bonze!" – Seit die Mutter starb, hörte er solche Stimme, solche Worte nicht.

„Mein Kind", fährt der Vorsizende des Gerichtes fort, „du littest und schwiegst. Es gibt keinen Fleck deines Leibes ohne blutiges Wundmal, keinen Winkel deiner Seele, wo es nicht blutete... Und immer schwiegst du!

Dort verstand man sich darauf nicht! Du wußtest wohl selbst nicht, daß du schreien kannst und daß durch deinen Schrei Jerichos Mauern wanken und einstürzen können! Du kanntest deine schlafende Kraft selbst nicht!

Auf *jener* Welt belohnte man dein Schweigen nicht. Dort ist ja die Welt der Lüge. Hier, in der Welt der Wahrheit, sollst du deinen Lohn bekommen!

Dich wird das göttliche Tribunal nicht richten, über dich kein Urteil fällen, dir nichts zutun, nichts abteilen! Nimm dir, was du willst! *Alles* ist dein!"

Bonze erhebt das erste Mal die Augen. Er ist wie geblendet. Alles blinkt, alles blitzt, alles strahlt.

Und er senkt die müden Blicke wieder.

„Wirklich?" fragt er zweifelnd und verschämt.

„Gewiß!" antwortet fest der Vorsitzende des Gerichtes, „gewiß! Alles ist dein, alles im Himmel gehört dir! Denn alles, was da blinkt und blitzt, ist nur der Abglanz deiner schweigenden Güte, ein Abglanz deiner Seele! Du nimmst nur von dir selbst."

„Wirklich?" fragt Bonze noch einmal, schon sicherer.

„Gewiß, gewiß!" antwortet man ihm von allen Seiten.

„Nun, wenn es so ist", lächelt Bonze, „so möcht' ich jeden Morgen eine warme Semmel mit frischer Butter!"

Die Richter und Engel senkten voll Scham die Köpfe. Der Ankläger brach in ein Gelächter aus.

DER SENDBOTE

Er geht. Die Rockschöße und der weiße Bart flattern im Winde.

Von Zeit zu Zeit greift er mit der rechten Hand nach der linken Seite, – so oft er dort einen Stich verspürt. Doch will er sich's nicht eingestehen, will sich einreden, daß er nur die Brusttasche befühlt.

Ich darf den Vertrag und das Geld nicht verlieren! – Davor zittert er.

Und wenn's auch sticht, Dummheiten! Ich hab zu solchem Gang, gottlob, noch Kraft genug. Andere in meinen Jahren können auch nicht eine Werst[6] mehr gehen, aber ich, gelobt sei Er, brauch' noch niemandes Unterstützung, verdien' mir allein mein Brot. Gott sei Dank, man vertraut mir Geld an!

Hätt' ich selbst soviel, – denkt er weiter – wie man mir anvertraut, müßt' ich nicht mit über siebzig Geschäftsgänge machen. Will's aber der Herr der Welt so, ist's auch recht!

Es beginnt in dicken Flocken zu schneien. Er wischt sich von Zeit zu Zeit das Gesicht ab.

Im ganzen noch eine halbe Meile, denkt er. Ist das auch was! Mehr nahe als weit! Er wendet sich um – man

---

[6] Werst: russisches Längenmaß, entspricht 1.066,8 m

sieht die städtische Uhr nicht mehr, auch die Kirche und die Kaserne nicht. „Nu, Schmarje, marsch!"

Und Schmarje marschiert in dem nassen Schnee. Die alten Füße stolpern hin und her. – „Gottlob, daß der Wind nicht stark ist."

Stark hieß bei ihm offenbar nur ein Sturmwind. Denn der Wind war stark genug und blies ihm gerade ins Gesicht, so daß er immer wieder den Atem verlor. Er lockte ihm alle Tränen aus den alten Augen, die ihn wie Nadelstiche schmerzten. Doch er war ja immer etwas augenleidend.

Fürs erste Geld, fällt ihm ein, wird er sich eine Brille anschaffen – eine große, runde Wegbrille, welche die ganzen Augen schützt.

Wenn Gott wollte, – denkt er – könnt' ich auch dazu kommen. Ich brauchte nur täglich einen Geschäftsgang zu haben, – und einen weiten, gar weiten. Gehen kann ich ja, mit Gottes Hilfe; so würde ich mir's schon für eine Brille zusammensparen.

Einen Pelz hätte er zwar auch nötig. Es wäre ihm dann auf der Brust besser. Er überlegt, daß er doch vorläufig noch einen warmen Kaftan hat!

Solange er nur hält, ist er ja noch ganz gut. Er lächelt vergnügt. Das ist kein Rock von heute, kein Spinnweb. Sondern Lüster aus guter, alter Zeit. Er wird mich überleben. Und ohne Riß, was auch ein Vorzug ist! Er zerfällt nicht so wie heutige Ware und legt sich vorn eine Elle weit übereinander.

Ein Pelz – denkt er weiter – ist eigentlich besser. Ein Pelz ist warm, sehr warm. Doch jedenfalls die Brille zuerst! Einen Pelz braucht man nur im Winter, eine Brille das ganze Jahr. Im Sommer, wenn es weht und einem der Staub gerade in die Augen wirbelt, noch mehr als im Winter!

Also zuerst die Brille, dann der Pelz! Gott helfe nur, daß er den Weizen annehme. Vier Gulden wird er sicherlich verdienen.

Und er watet weiter, und der nasse Schnee klatscht ihm ins Gesicht, der Wind wird immer stärker, und links sticht's ihn immer mehr.

Wenn sich der Wind nur drehen wollte! Doch wahrscheinlich – denkt er – ist es besser so, auf dem Rückwege werde ich müder sein und ihn dann im Rücken haben. Dann wird sich's ganz anders gehen! Nur keine Sorge! Guten Mutes sein!

Er mußte einen Augenblick stehen bleiben, um Atem zu schöpfen. Das erschreckte ihn ein wenig.

„Was ist das mit mir? Hab' ich als Kantonist[7] etwa keine Fröste und Winde ausgehalten?"

Und er erinnert sich an seinen Dienst als Nikolajscher Soldat. Fünfundzwanzig Jahre reiner Waffendienst, ab-

---

[7] Kantonist: Unter Zar Nikolaus I. konnten Juden, wenn sie 25 Jahre lang als Soldat gedient hatten, überall in Rußland Wohnrecht erwerben. Oft war dies aber mit der Verpflichtung zum Militär noch in der Knabenzeit verbunden.

gesehen von den Kinderjahren als Kantonist. Er ist genug gegangen in seinem Leben, marschiert über Berg und Tal, in Schnee und Frost und allerlei Unwetter. Und was für Schneefälle, was für Fröste! Bäume pflegten zu bersten, Vögel tot zur Erde zu fallen, aber der russische Soldat marschierte frisch und munter, sang noch ein Liedchen, einen Trepak, eine Kamarinskaja und stampfte mit den Füßen dazu!

Der Gedanke, daß er ganze fünfunddreißig Jahre den alten Dienst ausgehalten, alle Leiden, alle Schneefälle, alle Stürme, alle Schläge, Hunger, Durst und Mühsale ertragen hat und gesund nach Hause gekommen ist, – der Gedanke gibt ihm Größe. Er hebt stolz den Kopf und geht mit neuer Kraft.

Ha, ha, was macht mir so ein Fröstchen aus? In Rußland habe ich ganz anderes erlebt.

Er geht. Der Wind läßt etwas nach, es wird immer dunkler, die Nacht bricht herein.

Auch ein Tag – denkt er – und beginnt zu eilen, damit ihn die Nacht nicht überrasche. Nicht umsonst besucht er am Schabbat die Betstube, um Thora zu lernen, so weiß er: Abreisen und ankommen soll man nur bei Tag.

Er fühlt ein wenig Hunger, und er hat die Gewohnheit, lustig zu werden, wenn er hungrig wird. Er weiß, daß Appetit ein gutes Ding ist. Seine Kaufleute, die ihn zu den Geschäftsgängen verwenden, beklagen sich immer darüber, daß sie nie Hunger haben. Er hat gottlob Appetit! Ausgenommen, wenn ihm nicht ganz wohl ist, wie

Mein Vater, 1914

zum Beispiel gestern. Weil er krank war, schmeckte ihm das Brot sauer.

Geh, wo war es sauer? Kommißbrot! Früher einmal vielleicht, – aber heute? Heute backt Fonje[8] ein Brot, daß sich die jüdischen Bäcker verstecken dürfen. Und er hatte ein frisches Brot gekauft; es war ein Vergnügen gewesen, es zu schneiden. Er war aber nicht ganz gesund, er hatte Kälte in allen Gliedern.

Doch, gelobt sei der, dessen Namen zu nennen er nicht wert ist, es kommt selten vor!

Jetzt hat er auch Appetit, er hat sogar Brot in der Tasche und ein Stückchen Käse, das ihm die Frau des Kaufmanns gab, sie möge leben und gesund sein. Sie ist wirklich wohltätig, hat ein jüdisches Herz.

Wenn sie nur nicht so fluchte, so wäre sie eine prächtige Frau! – Er erinnert sich an sein totes Weib.

Ganz meine Sprinze, ganz meine Sprinze! Auch sie hatte ein gutes Herz und diese Gewohnheit, zu fluchen! So oft ich ein Kind in die weite Welt schickte, weinte sie wie ein Biber, obwohl sie ihnen sonst lästerlich fluchte. Geschweige – erinnert er sich – wenn eines starb. Ganze Tage wand sie sich wie eine Schlange am Boden und schlug sich mit den Fäusten an den Kopf.

Einmal wollte sie sogar einen Stein gegen den Himmel werfen!

Na, sieh' mal – denkt er – Gott macht sich viel aus ei-

---

[8] Fonje: Im Jiddischen gebräuchliche Bezeichnung für „Russe".

nem törichten Weibe! Sie ließ aber den Sarg mit der Leiche nicht hinaustragen! Sie ohrfeigte die Frauen und riß den Leichenträgern die Bärte aus.

Eine Kraft steckte in dieser Sprinze! Sie sah schwach wie eine Fliege aus, und doch eine solche Kraft!

Im Grunde war sie eine gute Frau. Auch mir war sie nicht schlecht, wenngleich sie mir nie ein gutes Wort gab!

Scheidung, Scheidung – pflegte sie zu schreien. Sonst werde sie einfach davonlaufen. Aber wozu wollte sie die Scheidung!

Er erinnert sich an etwas und lächelt.

Es ist schon lange, lange her. Damals gab es noch die Konsumsteuer. Er war Nachtwächter und lief die ganze Nacht mit seinem eisernen Stocke herum, um den Branntweinschmuggel zu verhüten!

Den Dienst verstand er. In Fonjes Schule lernt man was. Er hatte gute Lehrer gehabt. Vor Tagesanbruch war's, im Winter. Der Tagwächter, Chaim Joine, – der schon in der Welt der Wahrheit ist, – kommt ihn ablösen. Er geht frierend, halb starr vor Kälte nach Hause. Er klopft an und sie schreit aus dem Bett heraus:

„Geh' in die Erde! Ich dachte, daß nur dein Name heimkommen wird."

Ah, sie ist noch von gestern bös'. Er kann sich zwar nicht erinnern, was gestern Großes vorgefallen war. Aber etwas muß ja vorgefallen sein.

„Halt's Maul und mach auf!" schreit er.

„Den Kopf werd ich dir aufmachen", lautet die Antwort.

„Laß mich hinein!" schreit er.

„In die Erde geh'!" antwortet sie.

Und er überlegte sich's und ging in die Betstube, wo er sich hinterm Ofen schlafen legte. Zum Unglück gab es Kohlendunst, der ihn betäubte. Man trug ihn wie einen Toten nach Hause.

Eine Kleinigkeit, was Sprinze damals trieb. Er hörte es schon ganz gut.

Man sagt ihr: Es ist nichts, ein bißchen Kohlendunst.

Nein, sie will nur einen Doktor; sie ist im Begriffe in Ohnmacht zu fallen, sich ins Wasser zu werfen, und schreit immer wieder: „Mein Mann! Mein Mann! Mein Kleinod!"

Er nimmt alle Kräfte zusammen, setzt sich auf und fragt sie gelassen:

„Sprinze, sollen wir uns scheiden?"

„Hol dich..." Sie endigte aber den Fluch nicht, sondern brach in Weinen aus.

„Schmarje, wie glaubst du, wird mich Gott nicht strafen für meine Flüche, für meine Bosheit?"

Kaum war er aber wieder gesund – war sie wieder dieselbe Sprinze: Ein Räderwerk von einem Maul, eine Zunge wie geschraubt, – und eisenstark, und kratzt wie eine Katze. Ha, ha! Schad' um Sprinze! Sie hat auch keine Freude an den Kindern erlebt.

Es muß ihnen gutgehen in der Welt. Alle Handwerker.

Handwerk läßt nicht Hungers sterben. Kraft haben sie, geraten mir nach. Weshalb sie nicht schreiben? Was ist weiter daran? Selber können sie's nicht, und geh', bitt' erst einen andern, daß er für dich schreibt. Und was für einen Geschmack hat so ein Brief. Wie wässerige Suppe! Und dann einfach mit der Zeit... Junge Kinder vergessen... Es muß ihnen doch ganz gutgehen.

Aber Sprinze, nebbich, liegt in der Erde! Schad' um Sprinze!

Sowie die Konsumsteuer aufhörte, kam sie herunter! Denn, ehe ich mich an die Geschäftsgänge gewöhnte und daran, den Gutsherrn nicht mehr auf russisch mit „Euer Hochwohlgeboren" anzureden, sondern auf polnisch mit „Hoher Herr", noch ehe man mir Verträge und Geld anvertraute, – hat das trockene Brot gefehlt.

Na, ich? Was weiter? Ein Mann, gewesener Kantonist, wenn der einen Tag nichts ißt! Ihr aber, der Armen, ging's ans Leben. Die törichte Frau, sie verlor bald die Kräfte, konnte sogar nicht mehr fluchen. Die ganze Keckheit ging ihr aus dem Kopf. Und immer nur weinen, weinen...

Das Leben wurde mir ekel. Sie bekam gar Furcht vor mir! Hatte Furcht zu essen, damit ich nicht zu wenig habe. Sowie ich seh', daß sie Furcht hat, krieg' *ich* Mut, schrei' *ich*, fluch' und schelt' *ich*! Zum Beispiel: „Warum frißt du nicht?" Zuweilen werde ich wütend und will sie einfach schlagen. Aber geh', schlag' ein weinendes Weib, das mit den Händen im Schoße dasitzt und sich nicht rührt! Ich eile mit einem Kanten Brot auf sie zu, spuck' ihn noch an, aber sie antwortet nur: „Iß du zuerst, ich werde nach dir essen!" Und ich mußte früher von dem Brot nehmen und ihr den Rest lassen.

Manchmal jagte sie mich in die Gasse hinaus: Ich werde schon essen, gehe nur in die Gasse. Geh', vielleicht verdienst du etwas. Und lächelt sozusagen dabei und streichelt mich hin und wieder!

Und wenn ich dann zurückkomme, finde ich noch gerade soviel Brot wie früher! Sie redet mir ein, daß sie kein Trockenes verträgt, daß sie Grütze essen muß!

Er senkt den Kopf, als ob eine schwere Last ihn drückte, und die traurigen Gedanken jagen einander:

Und wie sie jammerte, als ich meinen Schabbatrock, just, den ich jetzt trage, versetzen wollte! Was sie da trieb und wie sie da lief und ihre Schabbatleuchter aus Messing versetzte. Und dann mußte sie bis zu ihrem Tod den Schabbatsegen über Kartoffellichtern sprechen! Vor dem Tode gestand sie mir, daß sie gar niemals die Scheidung gewollt, daß sie nur ein böses Maul gehabt habe.

„Die Zunge, die Zunge" – schrie sie – „Herr der Welt, verzeih' mir meine Zunge!" Und starb wirklich in der Angst, daß man sie in jener Welt an der Zunge aufhängen werde!

„Gott" – sagte sie zu mir – „wird kein Erbarmen mit mir haben. Ich hab' zuviel gesündigt. Aber, wenn du kommen wirst – nicht bald, Gott behüte, erst, wenn deine hundertzwanzig Jahre[9] um sind, – wenn du kommen wirst, dann denk' daran, mich vom Galgen herunterzunehmen! Sag' dem himmlischen Gericht, daß du mir verziehen hast!"

Sie verlor bald das Bewußtsein, rief nur die Kinder. Es kam ihr vor, daß sie alle im Zimmer seien, daß sie mit ihnen spreche, und sie bat auch sie um Verzeihung.

Närrisches Weib, wer würde ihr nicht verziehen haben!

Wie alt war sie im ganzen? Vielleicht fünfzig! So früh starb sie! Natürlich, wenn sich ein Mensch selbst ums Leben bringt, wenn man ihm mit jedem Stück, das man aus der Wohnung ins Pfandhaus trägt, die halbe Gesundheit, jeweils ein Stück von ihm selbst mitfortschleppt!

Tag für Tag wurde sie grüner und gelber, kleiner und dürrer. Sie sagte, sie fühle, wie ihr das Mark in den Knochen trockne. Sie wußte, daß sie sterben werde!

Wie liebte sie die Stube mit allen Sachen darin! Was man fortschaffte, einen Stuhl, einen blechernen Wandleuchter oder, was weiß ich, immer begoß sie es mit bitteren Tränen. Von jedem Gegenstand verabschiedete sie sich wie eine Mutter von ihrem Kinde! Die Arme! Umarmte ihn und küßte ihn beinahe: „O wenn ich sterben werde, wirst du nicht mehr im Zimmer sein!"

---

[9] Hundertzwanzig Jahre werden als die Höchstgrenze für ein Menschenleben angesehen.

Weiber sind doch dumm! Eben war eine noch ein Kosak im Unterrock, kommt irgend etwas dazwischen, und sie ist ärger als ein Kind! Was für einen Unterschied das schon beim Sterben macht, mit oder ohne Stuhl!

Zum Teufel, unterbricht er sich selbst in seinen Gedanken, was mir da alles in den Sinn kommt, wegen des dummen Zeugs gehe ich langsam.

Nun, Soldatenfüße, weiter! – kommandiert er sich selbst.

Er blickt um sich. Rings herum Schnee. Oben ein grauer Himmel, mit schwarzen Fetzen geflickt. – Ganz mein unterer Kaftan – denkt er – Satin mit Lüsterflicken! Herr der Welt! Hast denn auch du keinen Kredit im Geschäft?

Es friert. Bart und Schnurrbart vereisen. Der Körper – geht noch an, der Kopf ist sogar warm, auf der Stirn spürt er Schweißtropfen. Nur die Füße werden immer kälter und schwächer.

Es ist nicht mehr weit. Und doch hat er Lust, auszuruhen. Er schämt sich vor sich selber. Es ist das erste Mal, daß er auf einem Wege von zwei Meilen ausruhen muß. Er will sich's nicht zugeben, daß er ein Achtziger und daß es schon an der Zeit ist.

Nein, er muß gehen... nur gehen... Solange man geht, geht man, trägt sich's. Kaum gibt man aber der Versuchung nach und ruht aus, sieht man schön aus!

Man kann sich auch erkälten, mahnt er sich selber, um sich die starke Lust zum Ausruhen auszureden.

Nicht weit mehr vom Dorfe, dort hab' ich Zeit genug!

Das werd' ich – denkt er – doch tun: Nicht gleich zum Gutsherrn gehen. Beim Gutsherrn muß man eine Stunde draußen warten, sondern zuerst zum Juden.

Gut, daß ich wenigstens keine Furcht vor dem Hunde des Gutsherrn habe. Immerhin bei Nacht, wenn man Buri von der Kette läßt, ist's gefährlich. Wohl hab' ich mein Abendbrot mit, und Buri frißt Käse gern, aber – es ist doch besser, früher die Glieder auszuruhen. Ich will doch früher zum Juden hineingehen, mich erwärmen, mich waschen, etwas essen.

Das Wasser läuft ihm im Munde zusammen. Er hat seit früh morgens nichts gegessen. Doch das macht nichts aus. Es bekümmert ihn nicht, daß er hungrig ist, er freut sich dessen: Hunger ist ein Zeichen, daß man lebt! Nur die Füße!

Er hat nur noch zwei Werst zu gehen, er sieht schon des Gutsherrn großen Schuppen. Aber die Füße sehen nichts, sie wollen jetzt ausruhen!

Und im Grunde – denkt er – was weiter, wenn ich ein bißchen ausruhe? Eine Minute, eine halbe Minute! Vielleicht doch? Ich will's versuchen! Solange gehorchen mir meine Füße, will ich ihnen auch einmal gehorchen!

Und Schmarje setzt sich abseits auf einen Haufen Schnee. Jetzt hört er erst sein Herz wie einen Hammer klopfen, und es sticht ihn, und der Kopf schwitzt.

Er erschrickt. Ob er nicht krank wird? Er hat fremdes Geld bei sich! Wenn er, Gott behüte, in Ohnmacht fällt.

Und er tröstet sich: Gelobt sei Gott, daß keiner des We-
ges kommt! Und wenn auch jemand käme, so fiele ihm
doch nicht ein, daß ich Geld bei mir trage. Wem man da
Geld anvertraut! Nur ein bißchen sitzen, und dann weiter!

Doch die Lider fallen ihm bleischwer zu.

Nein, steh' auf, Schmarje, vorwärts! – kommandiert er
sich.

Er kann noch kommandieren, aber nicht mehr aus-
führen. Er kann sich nicht rühren. Er glaubt zu gehen,
immer schneller zu gehen. Jetzt sieht er ja schon alle
Häuschen. Da wohnt Antek, dort Basili. Er kennt sie alle,
mietet Fuhren bei ihnen. Es ist noch weit zum Juden,
doch lieber zum Juden. Man trifft dort manchmal noch
weitere, so daß man gemeinsam das Tischgebet sprechen kann. Und es kommt ihm vor, als ginge er nach
dem Hause des Juden. Aber es rückt immer weiter und
weiter. Wahrscheinlich muß es so sein. Es brennt dort
ein lustiges Feuer auf dem Ofen. Das ganze Fenster ist
lustig und rot. Die dicke Mirl schäumt gewiß einen
großen Topf Kartoffeln ab. Sie wartet ihm stets mit einer
Kartoffel auf. Wie gut eine heiße Kartoffel ist! Und er
rückt weiter. So scheint's ihm, obwohl er auf derselben
Stelle sitzt.

Der Frost läßt ein wenig nach. Es beginnt in breiten,
dicken Flocken zu schneien.

Offenbar ist es auch ihm wärmer geworden im
Schneerock. Und er glaubt, schon beim Juden im Zim-

Die Erinnerung, 1914

mer zu sein. Mirl sieht die Kartoffeln, er hört wie das Wasser fließt, srr, srr, srr, und so fließt es auch von seinem Lüsterkaftan. Jojne geht herum und brummt. Er pflegt nach dem Abendgebet zu singen, weil er da hungrig ist, und wiederholt immer: „Nu, Mirl!"

Aber Mirl beeilt sich nicht. „Langsamer tut sich's besser."

Schlaf ich und träum ich? Ein freudiger Schreck erfaßt ihn plötzlich. Es kommt ihm vor, als öffne sich die Tür und als ob sein ältester Sohn eintrete. Chono! Chono! O, er erkennt ihn! Was tut er hier? Aber Chono erkennt ihn nicht. Und er gibt sich nicht zu erkennen. Ha, ha, ha, er erzählt Jojne, daß er zum Vater fahre, erkundigt sich über den Vater, er hat den Vater nicht vergessen! Und Jojne, der Schlingel, sagt ihm nicht, daß der Vater auf der Bank sitzt! Mirl hat zu tun! Sie ist mit den Kartoffeln beschäftigt und wird nichts verraten. Sie lächelt nur, reibt die Kartoffeln mit dem großen Holzlöffel und lächelt!

Ah! Chono muß reich sein, sehr reich! Alles, was er anhat, ist ganz. Und eine Kette! Vielleicht Tombak[10]? Nein, sicherlich Gold! Chono wird doch keine Tombakkette tragen! Ha, ha, ha. Sein Blick fällt auf den Ofen. Ha, ha, ha, er birst schier vor Lachen. Jekel, Berl, S'charje... alle drei... Ha, ha, ha! Sie haben sich auf dem Ofen ver-

---

[10] Tombak: Metallegierung, die wegen ihres Goldglanzes auch als billiger Goldersatz verwendet wurde.

steckt, die Diebsjungen! Ha, ha, ha! Schad' um Sprinze, schad'. Wenn sie auch die Freude hätt! Mittlerweile bestellt Chono zwei Gänse. „Chono! Chono! Erkennst du mich denn nicht? Ich bin's!" Und er glaubt, daß sie sich küssen.

Hörst du, Chono, schade, daß die Mutter dich nicht sehen kann! Jekel, Berl, S'charje, herunter vom...

Ich wußte, daß ihr kommen werdet. Zum Beweis: Ich hab euch Käse mitgebracht, echten Schafkäs. Seht doch, kommt, Kinder! Ihr habt doch Kommißbrot gerne? Wie? Vielleicht nicht? Wirklich schade um die Mutter!

Und es kommt ihm vor, daß ihn alle vier Söhne umzingelt haben und ihn halten und küssen und sich an ihn anschmiegen.

Nur sachte, Kinderchen! Sachte, drückt mich nicht zu stark! Ich bin kein junger Mann mehr, ich bin ein hoher Siebziger! Sachte, ihr erdrückt mich ja, sachte, Kinderchen... alte Knochen! Sachte, ich habe Geld in der Tasche. Mir vertraut man, gottlob, Geld an! Genug, Kinderchen, genug!

Und es war genug. Starr lag er da, die Hand auf der Brusttasche.

DIE WANDLUNGEN EINER MELODIE

Ihr wollt eine Talner Melodie. Haltet's wohl für eine Kleinigkeit: Man nimmt eine Melodie von einem Talner Schaleschides[11] und singt sie einfach nach. Aber eine Talner Melodie muß von vielen gesungen werden. Alle müssen mitsingen. Ihr wollt mir helfen? Nein, Brüder! Mit polnischen Chassidim läßt sich keine Talner Melodie singen! Ihr habt ja keinen Begriff, keine Idee von Musik. Ich höre ja eure Musikanten und eure Vorsänger in der Synagoge. Das ist ein Kollern, nicht ein Spiel! Und beim Singen schreit ihr wie Hühner, die geschlachtet werden. Selbst die Sinai-Melodien zu den hohen Feiertagen bringt ihr absonderlich wild heraus. Und eure Märsche, eure Kosaklech, die Tänze, sind noch wilder als eure Bewegungen und Grimassen. Ihr sagt, das sei chassidische Art. Bei uns sind *andere* Chassidim.

Woher *wir* Musik verstehen? Vielleicht liegt's im Blute. Vielleicht in der Gegend. In unserer Kiewer Gegend ist kein Haus ohne Geige. Jedes Kind aus gutem Hause

---

[11] Schaleschides: Dritte und letzte Mahlzeit, die zu Schabbat, am Samstagnachmittag eingenommen wird.

oder, wie man dort sagt, was eines Vaters Kind ist, muß
eine Geige haben, muß spielen können. Wenn ihr wissen wollt, wie viele Mannsleute in einer Wohnung sind,
blickt auf die Wände! So viele Geigen hängen, so viele
Mannsleute! Alle spielen: Es spielt der Großvater, es
spielt der Vater, es spielt der Sohn. Nur schade, daß jedes
Alter das seinige, daß jeder anders spielt. Der Großvater
spielt Sinai-Melodien oder sonstige Synagogen-Weisen:
Ein „Kol nidre", „Schojschanos Jakow", ein „G'di
k'schur jodojim"[12], – es gibt ja genug. Der Vater, ein
chassidischer Mensch, schwelgt in Melodien des gerechten Rebben. Der Sohn spielt schon von Noten! Und
sogar schon aus dem Theater! Wie die Generation, so
die Melodie!

Was tun Chassidim, wenn sie keinen Branntwein haben?
Sie sprechen von Branntwein! Einer allein singen, ohne
Gesellschaft, ohne das Feuer, welches die Menge gibt –
das geht nicht. Laßt uns also von Musik wenigstens sprechen!

Musik, müßt ihr wissen, ist eine große Sache. Ganz
Talne beruht auf der Schabbatfeier, der Melawe-malkes,
und die Hauptsache dabei ist die Melodie.

Es kommt nur darauf an, wer singt und was einer
singt.

---

[12] Kol nidre, Schojschanos Jakow, G'di k'schur jodojim sind Gebetsme-
lodien zu hohen Feiertagen.

Mit den gleichen Ziegeln kann man eine Synagoge oder eine Kirche, einen Palast oder einen Kerker oder auch ein Spital bauen. Mit den gleichen Buchstaben schreibt man die Mysterien der Thora und – sie seien wohl unterschieden – die größten Ketzereien. Ebenso kann man mit denselben Stimmen empor zu den höchsten Stufen der Begeisterung und Inbrunst und hinab zur untersten Hölle, um sich dort wie ein Wurm im Kot zu wälzen.

Ein Brief, wie man ihn liest. Eine Weise, wie man sie singt.

Nehmt zum Beispiel eine lustige Weise wie ein Frelechs. Es kann eine Talner Melawe-malke-Melodie am Schabbat zu Pessach sein – die Freude der frommen und guten Werke. Und sie kann die Freude eines freigelassenen Vogels in einer schrankenlosen Welt sein.

Eine Melodie glüht, sie ist wie mit Liebe durchtränkt. Doch es gibt viele Arten von Liebe. Es gibt eine Liebe zu Gott, eine Liebe zu den Menschen, eine Liebe zu Gesamt-Israel, oder gar zu sich selbst, oder gar, behüte Gott, zu dem Weibe eines anderen.

Eine Melodie klagt und weint. Aber die eine klagt über die Verführerin Schlange, über das verlorene Paradies, die zweite über das Exil von Gottes Herrlichkeit, über die Zerstörung des Tempels, über unsere Armut und Niedrigkeit. „Sieh unsern Stand!" klagt sie. Eine dritte weint, weil einem seine Schöne entlief.

Es gibt sehnsüchtige Melodien. Aber wonach geht das

Sehnen? Eine Seele sehnt sich nach ihrer Wurzel oder ein alter Hund ohne Zähne nach jungen Jahren und jungen Trieben.

Nehmt zum Beispiel das Lied:

Reb Dowidl hat gewohnt in Wassilkow,
in Wassilkow,
Und heut' wohnt er in Talne,
Reb Dowidl, Reb Dowidl hat gewohnt in Wassilkow,
Heut' wohnt er in Talne.

Das Liedel wird von Talnern und von Wassilkowern gesungen. Wenn es die Talner singen, ist es wirklich ein fröhliches Liedel, sprüht und glüht Freude und Lust. Wenn es aber die Wassilkower singen, ist es von Leid und Schwermut durchtränkt. Es kommt auf die Seele an, auf das, was man in die Melodie hineinlegt!

Die Melodie, müßt ihr wissen, ist eine Summe von Stimmen, oder, wie jene sagen, von Tönen. Die Stimmen oder Töne nimmt man aus der Natur. Sie erfindet niemand. Und in der Natur fehlt es nicht an Stimmen. Alles hat da seine Stimme, seinen eigenen Klang, ja sogar eine ganze Melodie.

Die Planeten singen, wie uns überliefert ist, Tag und Nacht – „Tag verkündet Rede dem Tage und Nacht offenbart Erkenntnis der Nacht" heißt es in den Psalmen – sie haben ihr Lied. Menschen und Vögel singen. Wilde und zahme Tiere singen dem Herrn Loblieder. Stein klopft an Stein, Metall klingt. Fließendes Wasser schweigt nicht. Und erst der Wald! Beim leisesten Windhauch singt er eine schwermütig-weiche Melodie, einen wirklichen, stillen, süßen Wolech. Und der Eisenbahnzug zum Beispiel, das Ungeheuer mit den rot flammenden Augen, betäubt er nicht mit seinem Gesang? Selbst die stummen Fische, las ich einmal in einem Buche, schwimmen von Zeit zu Zeit ans Ufer, klopfen mit den Flossen auf den Sand, auf einen Stein und freuen sich daran.

Wenig Töne? Man braucht nur ein Ohr zu haben, das, wie ein Netz, die Töne fängt, wie ein Schwamm sie aufsaugt.

Allerdings: Töne allein machen noch keine Melodie, wie ein Haufen Ziegel noch kein Haus ist. Die Töne sind erst der Leib der Melodie; sie braucht noch eine Seele dazu. Und diese Seele ist das Empfinden eines Menschen: Seine Liebe, sein Zorn, seine Güte, Rache, Sehnsucht, Reue, Leid. Alles, was ein Mensch fühlt, kann er in die Melodie hineinlegen, und die Melodie – lebt!

Denn, meine Freunde, ich glaube, daß das, was mich labt, leben muß. Wenn mich eine Melodie labt, wenn ich von ihr Genuß, eine neue Seele empfange, so sage ich, daß sie lebt.

Zum Beweise: Nehmt eine Melodie und zerschneidet sie!

Singt sie verkehrt! Singt erst die Mitte und dann den Anfang und das Ende. Ist das noch eine Melodie? In summa habt ihr alle Töne, es fehlt euch kein einziger, aber die Seele ist weg! Ihr habt eine lebende weiße Taube geschlachtet, und unterm Messer ist ihr die Seele entflohen. Sie ist tot, die Leiche einer Melodie!

In Talne ist es sonnenklar, daß Melodien leben.

Melodien leben und Melodien sterben. Man vergißt sie wie die in die Erde Gebetteten.

Jung und frisch war sie einmal, die Melodie. Sie strotzte von jungem Leben. Mit der Zeit wurde sie schwächer und schwächer, die Kräfte gingen ihr aus, sie wurde altersschwach. Dann verhauchte ihr letzter Atemzug irgendwo in der Luft, sie erstickte, und war nicht mehr!

Doch eine Melodie kann auferstehen! Plötzlich erinnert man sich einer alten Weise. Sie löst sich plötzlich vom Munde los. Und unwillkürlich legt man ein neues Gefühl, eine neue Seele in sie hinein. Fast ist es eine neue Melodie, die nun lebt.

Das ist schon Wandlung einer Melodie.

Ihr versteht mich nicht gut. – Sprich dem Blinden vom Lichte!

Ich will es anders versuchen. Geschichten hört ihr doch gerne. So will ich euch die Geschichte der Wandlungen einer Melodie erzählen. Hört!

Drei, vier Meilen hinter Berdyczew, gleich hinter dem Walde, liegt ein Städtchen Machnowka. In diesem Machnowka gab es eine gar nicht zu verachtende Kapelle. Ihr

Kapellmeister, Reb Chaiml hieß er, war ein hochbegabter Musiker, ein Schüler Pedohzurs aus Berdyczew. Dieser Reb Chaiml hat keine neuen Melodien gemacht, das heißt, er war kein Komponist. Aber zu Gehör bringen, schön ausstatten, interpretieren, ins Herz spielen, das verstand er. Darin lag seine Kraft.

Er war dürr und mager. Aber sowie er zu spielen begann, wurde er sofort ein anderer Mensch. Die sonst gesenkten Lider gingen langsam in die Höhe, und aus den stillen, tiefen Augen fiel ein Schimmer wahrer Geistigkeit über das blasse Gesicht. Man sah deutlich, daß er in solchen Augenblicken nicht von dieser Welt war. Seine Hände spielen allein, von selbst, und die Seele fliegt irgendwo herum, hoch oben in der Welt der Musik. Manchmal vergaß er sich und begann auch zu singen. Er hatte eine Stimme, die klang so klar und rein wie eine Klarinette.

Wäre Chaiml kein frommer, einfacher Jude, beinahe ein Einfaltspinsel gewesen, hätte er sich nicht mit acht Kindern in Machnowka abgequält, so würde er gewiß schon irgendwo in einem Theater gespielt oder gesungen haben oder vielleicht Kantor in Berlin oder Paris geworden sein. Doch *solche* Leute schickt wohl schon Berdyczew hinaus. Chaiml Einfalt aber sitzt daheim und borgt monatelang in allen Lebensmittelgeschäften á conto einer reichen Hochzeit, die doch einmal wird sein müssen.

Nun kam wirklich eine reiche Heirat zustande. Und

obendrein noch beim Magnaten von Machnowka, bei Berl Katzners Witwe.

Berl Katzner selbst, – er mag mich würgen kommen, war ein großer Wucherer gewesen und ein noch größerer Geizhals. Er gönnte sich das Essen nicht, pflegte nach den Kindern die Brosamen aufzuklauben. Ein eisernes Herz hatte er, der Mensch! Vor dem Tode, fast schon im Todeskampfe, rief er den ältesten Sohn, ließ sich die Geschäftsbücher reichen und zeigte mit braunblauem Finger überall hin, wo eine Rate nicht gezahlt war. Und „daß du mir nicht prolongierst. Gott behüte! Hörst du! Wenn du nicht das Gebot der Ehrfurcht vor dem Vater verletzten willst!" Dann rief er sein Weib heran und hieß sie das Kupfer aufbewahren, das an der Wand hing. „Sowie ich die Augen schließe", meinte er, „ist's alles fort!" Sprach's und starb.

Eine halbe Million ließ er zurück!

Nun verheiratet die Witwe die Tochter. Sie beeilt sich damit, weil sie für sich selbst auch die Heiratsvermittlerin aufsuchen wollte. Ein Stein ist ihr vom Herzen gefallen! Erlöst ist sie!

Und weil Chaiml, der Musikant, auch eine Tochter zu verheiraten hat, wartet er natürlich auf die Hochzeit wie auf den Messias. Da fällt's aber der Witwe ein, Pedohzur aus Berdyczew zu bestellen.

Warum? Es werden Brautverwandte, Musikkenner, aus Kiew da sein. Darum will sie, daß zur Zeremonie des Bedeckens der Braut eine neue Melodie für „El mole

Der grüne Geiger, 1923/24

rachamim"[15] gesungen wird. „Keine abgedroschenen Weisen", sagt sie. „Es kostet schon soviel, soll's noch mehr kosten und sollen die Kiewer Augen machen!"

Chaiml verging schier. Auch in der Stadt entstand große Aufregung. Man hatte Chaiml sehr lieb. Und dann einfach aus Mitleid, weil er so arm war. Man bemühte sich, die Sache zu ordnen. Zum Schluß wurde auch durchgesetzt, daß Chaiml mit seiner Kapelle spiele. Doch sollte er vor der Hochzeit auf Kosten der Witwe nach Berdyczew hinüber und von Pedohzur einen neuen „El mole rachamim" bringen.

Chaiml kriegt einige Rubel, davon läßt er mehr als die Hälfte Weib und Kindern zurück, mietet einen Wagen und fährt nach Berdyczew.

Und hier beginnt die Geschichte von den Wandlungen.

Wie sagt man nur: „Ein armer Teufel hat Glück." Fährt da Chaiml auf der einen Seite in Berdyczew ein und auf der anderen Seite Pedohzur heraus. Man hat ihn just nach Talne zu Schabbat zu einer Melaweh-malke geladen. Der Talner Rebbe, müßt ihr wissen, hält große Stücke auf Pedohzur. „Die Mysterien der Thora", pflegte er zu sagen, „wohnen in seinen Melodien. Schade nur, daß er selber sie nicht kennt."

---

[15] El mole rachamim: Gott ist barmherzig – ein Gebet zu Totengedächtnis, das hier für den verstorbenen Vater vorgetragen wird.

Chaiml irrt nun wie ein Verrückter in den Straßen umher. Was tun? Ohne ein „El mole rachamim" nach Hause fahren darf er nicht; die Welt ginge darob zugrunde! Pedohzur nach Talne nachfahren oder warten, bis er zurückkommt, kann er nicht. Er hat nicht genug Geld mit. Die Witwe gab ihm wenig, und seinem Weibe ließ er viel zurück. Sein Leid ist groß.

Plötzlich sieht er folgenden Vorgang:

Stellt euch vor: An einem schönen, hellen Wochentag geht ein junges Weib in Schabbat- und Feiertagskleidern, oder, wie man in jenen Gegenden sagt, in Honig und Essig herausgeputzt daher, auf dem Kopf eine eigenartige Haube mit mächtig langen Bändern von grellen Farben! In der Hand hält sie eine große, weiße Silbertasse. Musikanten folgen ihr und spielen, und sie geht im Tanzschritt voraus. Manchmal bleibt sie mit den Spielleuten vor einer Wohnung oder einem Laden stehen und tanzt auf der Stelle. Die Musik lockt Leute von allen Seiten herbei, sie drängen sich in den Türen und Fenstern, Kopf an Kopf.

Die Musik spielt. Das junge Weib tanzt, die Bänder flattern, die Tasse blinkt und blitzt. Die Menge schreit „Masel tow!"[14] und wirft Münzen hin. Das Weib hüpft und fängt sie in der Tasse auf; die Münzen blitzen und klingen im Takt.

Was ist es? Nichts von Bedeutung! Berdyczew ist eine

---

[14] Masel tow: Viel Glück!

jüdische Stadt und hat jüdische Gebräuche. So ist der Brauch, für die Brautausstattung zu sammeln. Chaiml kennt diese Sitte. Er weiß, daß sich die Frauen Tänze ausdenken und daß Pedohzur jedesmal eine neue Melodie macht. Das ist schon einmal seine Mizwe[15]. Man kommt zu ihm, erzählt ihm von dem Mädchen, von ihrer Familie, von der geplanten Heirat, von der Armut der Braut. Er hört schweigend, mit geschlossenen Augen zu. Manchmal bedeckt er das Gesicht mit den Händen. Und hat man die Sache vorgetragen, wird es still, dann beginnt er eine Melodie zu brummen.

Das alles weiß Chaiml und steht doch mit offenem Munde und Ohr da. Er hat so ein „Frelechs" noch gar nie gehört. Es lacht und weint zu gleicher Zeit, man fühlt Leid und Lust, Schmerz und Glück in eins verschmolzen. Eine wahre Waisenhochzeit!

Plötzlich macht er einen Luftsprung: Er hat, was er braucht!

Auf der Rückkehr nahm der Fuhrmann noch andere Fahrgäste auf. Chaiml hatte nichts dagegen. Und die Passagiere, just Kenner, erzählten dann, daß Chaiml, wie sie in den Wald hineinfuhren, zu singen angefangen habe.

Er sang Pedohzurs „Frelechs." Nur ist daraus schon

---

[15] Mizwe: Religiöses Gebot, aber auch die gute Tat gegenüber dem Nächsten, die als frommer Verdienst angerechnet wird.

etwas ganz anderes geworden. Der „Masel tow" von der Sammlung für die Brautausstattung ist in einen wirklichen „El mole rachamim" verwandelt. In das stille Rauschen der Bäume mischt sich eine stille, weiche und süße Weise. Still und innig klagt sie und betet um Barmherzigkeit, wie ein Kranker um sein Leben betet. Und dann hebt sie zu seufzen, in kurzen Ausrufen zu flehen an. Man fühlt, daß sich jemand an die Brust schlägt: zur Vergebung seiner Sünden wie am Versöhnungstag, Jom Kippur, oder vor dem Tode. Die Stimme wird höher, aber zugleich zerstückt, zerrissen, wie von Tränen erstickt, wie von Schmerzen unterbrochen. Dann einige tiefe Seufzer, ein Schrei, einer, ein zweiter, und plötzlich bricht alles ab. Stille... Jemand starb... Der Sang erhebt sich wieder zu heißem, flammendem Schreien. Und die Schreie folgen einander in wilder Hast. Es wird ein ungeheurer Jammer, wie bei einem Begräbnis. Und während des Begräbnisses plötzlich ein dünnes, reines Kinderstimmchen, feucht, zitternd, furchtsam: Ein Kind sagt Kaddisch, das Totengebet! Und dann Träume, Phantasien, tausend Gedanken, die allmählich in süße, innige Weisen übergehen. Trost, Zuspruch. So gütig, so aufopfernd, so gläubig, daß alles wieder gut wird, daß Lebenslust und Hoffnung wieder wach werden.

Die Leute vergingen schier.

„Was ist das?" fragen sie.

„Ein ‚El mole rachamim'", antwortet Reb Chaim, „für Katzners Waise ein ‚El mole rachamim'!"

„Verdient es wirklich nicht", sagen sie, „schade um die schöne Melodie, doch die Welt wird sie ja Reb Chaiml abnehmen, die Kiewer werden außer sich sein."

Die Kiewer gerieten nicht außer sich.

Das war keine jüdisch-gutbürgerliche Hochzeit mehr, bei den Katznerschen. Und der El mole rachamim paßte für die Gesellschaft nicht. Die Kiewer wollen lieber mit Damen tanzen. Wozu diese chassidische Melodie? Wozu moralische Sachen? Und für wen auch ein „El mole rachamim"? Für den alten Geizhals? Wenn er noch lebte, die Braut hätte nicht die Hälfte Mitgift und Aussteuer überhaupt nicht. Die Hochzeit würde sicherlich ganz anders aussehen. Wenn er heute aufstünde und das weiße Atlaskleid mit Spitzen und den Schleier sähe und die Weine, die Torten, die Fische und Fleischspeisen, unter welchen die Tische sich biegen, er würde noch einmal sterben, und nicht mehr so leicht wie das erste Mal!

Und wozu die ganze Zeremonie, das ganze Bedecken? Alte, närrische Bräuche!

„Rascher!" schreien die Kiewer Gäste.

Der arme Chaiml. Er hat die Kapelle aussetzen lassen und klopfenden Herzens mit dem Bogen über die Saiten gestrichen. Die einfachen Leute beginnen schon mit den Augen zu zwinkern, manche vergießen schon Tränen. Da ruft ein Kiewer:

„Was ist hier? Eine Hochzeit oder ein Begräbnis?"

Und als Chaiml so tut, als ob er nicht hört und weiter

spielt, fängt der Kiewer zu pfeifen an. Er pfeift just ganz ausnahmsweise gut. Er hat die Melodie schon heraus und pfeift sie richtig. Und pfeift immer geschwinder, immer ausgelassener, immer wilder! Und immer dieselbe Melodie!

Die Kapelle bleibt still. Man hört nur den Kampf zwischen der moralischen Geige und dem frechen Pfeifen. Und das Pfeifen siegt. Er spornt den Bogen an, die Geige weint nicht mehr; zuerst ächzt sie, dann beginnt sie auch zu lachen. Und plötzlich bricht Chaiml ab. Mit zusammengekniffenen Lippen und wild funkelnden Augen springt er auf eine andere Saite über und beginnt noch geschwinder zu spielen; er will das Pfeifen überholen! Nein, das ist kein Spielen mehr! Die Geige gibt stoßweise Schreie von sich, gewaltige Töne. Sie drehen sich wirbelnd herum. Es ist, als ob alles tanzte: das Zimmer, die Kapelle, die Gäste, die Braut auf ihrem Stuhl, Chaiml selbst mit seiner Geige. Es ist kein „Frelechs“, kein „El mole rachamim“, es ist kein Spiel. Tanzender Wahnsinn ist's, wild-wahnsinniges Toben, daß sich Gott erbarme!

Und das dauerte so lange, bis die Saite sprang.

„Bravo, Chaiml, bravo!“ schreien die Kiewer.

Ob sie damit dem alten Geizhals einen Gefallen taten? Gewiß nicht!

Mehrere Jahre später kam die Melodie, wahrscheinlich durch einen von den Kiewer Leuten, ins Theater!

Was ist ein Theater? Eingefleischte Anhänger der Aufklärung pflegten zu glauben, daß ein Theater besser sei als ein Moralbuch und stärker wirke als die Lektüre von „Der Anfang aller Weisheit" – sie seien wohl unterschieden. – Ihr wieder sagt natürlich, daß ein Theater unrein ist wie Schweinefleisch. Bei uns sagt man, daß es darauf ankommt, was man im Theater spielt.

Es war schon in Warschau. Das Theater ist voll, Kopf reiht sich an Kopf. Die Musik beginnt. Was spielt sie? Es ist ein Tosen, ein Durcheinander! Chaimls „El mole rachamim", nur an Stelle des „Wolech" – ein Durcheinander. Die Instrumente jagen und treiben einander und poltern.

Es lärmt und klopft und pfeift. Es donnert nicht, Häuser stürzen nicht. Ein Lärm schlechthin!

Tanzen Geister auf dem Eismeer? Toben tausende wilder Tiere aus der Hölle heraus? Ein Zittern geht durch das Theater!

Plötzlich greift der Baß ein. Er ist sozusagen im Zorn. Er ärgert sich: Was ist das? Aber – falsch! Es ist ihm also nicht Ernst mit seinem Zorn. Und ein seltsames Pfeifchen hüpft hinein. Es fliegt durch die Kapelle im Blitzes-Zickzack und mit wahrem Koboldlachen: Ha, ha, ha! und hi, hi, hi! Die Klarinette eilt nach. Und wirkt Wunder, die Klarinette. Ist trotzig. Man kann den Trotz greifen.

Und jetzt erst kommen drei, vier Geigen hervor. Und spielen zart. Zart wie die Lust selbst. Wie der böse Trieb, wenn ihm Honig vom Munde fließt. Und das Spiel schleicht sich in die Herzen ein. Es fließt wie Öl hinein und macht wie alter Wein trunken. Die Leute glühen. Die Münder offen, die Augen blitzen!

Nun geht erst der Vorhang in die Höhe. Ein „Er" und eine „Sie" erscheinen, ein „Prinz" und eine „Prinzessin" und singen! Sie singen mit flammenden Worten. Wie feurige Schlangen entfließen sie ihren Lippen. Die Hölle brennt auf ihren Gesichtern. Wie Teufel springen sie sich entgegen. Und das Springen, Singen, Umarmen, Küssen geht immer schneller und schneller und wird lodernder mit jedem Augenblick.

Und die Glut hat schon das ganze Theater ergriffen, die ganze Galerie, die Männer und Weiber mit den heißen, glühenden Gesichtern und den flammenden Augen. Wie eine Sintflut hat sie alles überschwemmt!

Das ganze Theater singt.

Ein Meer brennender Lust hat sich ergossen, ein Höllenbrand! Böse Geister tanzen, und Engel der Vernichtung führen ein feuriges Rad.

Das ist aus Pedohzurs Brautausstattungslied durch Chaimls „El mole rachamim" mit Hilfe des Kiewers geworden.

Aber fürs Sinken gibt es keine Grenzen!

Das „jüdische" Theater ging ein, Prinzen wurden wieder Schuster und Schneider, die Prinzessinnen kehrten an den Herd zurück. Und manche von den Theatermelodien verwandelten sich in Leierkastenlieder.

Unsere Melodie ist kaum mehr zu erkennen.

Ein schäbiger Teppich liegt in einem Hofe ausgebreitet. Zwei Männer in Trikot machen Kunststücke, zusammen mit einem mageren, blassen Mädel, das sie irgendwo gestohlen haben.

Der eine trägt eine Leiter mit den Zähnen. Pfeilschnell läuft das Mädchen bis zur höchsten Sprosse und springt von da auf die Achsel des zweiten hinab. Der erste gibt ihr einen Stoß in die Schulter. Sie macht einige Luftsprünge und bleibt mit ausgestreckter Hand vor dem Hofpublikum stehen – Gaben erbettelnd.

Es ist auch ein Theater, nur ein solches für einfache Leute, für Diener und Dienstmädchen. Es wird unter freiem Himmel gespielt, da kann's billig sein. Man kauft keine Billets, sondern wirft bloß Zweier oder Dreier hin. Und das dürre Mädel macht seine Sache so großartig. Dicke Schweißtropfen rinnen ihm von dem rot geschminkten Gesicht, in den tiefliegenden Augen glüht ein Leid, aber das Publikum sieht nichts davon. Es sieht nur die schönen Kunststücke und hört nur die schöne Leierkastenmusik.

Und die Seele in dem dürren Körperchen des armen gestohlenen Kindes und die arme Melodie in dem blechheiseren Leierkasten, beide ächzen, weinen und zittern, beide bitten um Erlösung.

Doch es war bestimmt, daß Pedohzurs Brautausstattungsweise wieder hochkommen sollte. Die Gaukler

Die Synagoge, 1917

schleppten die arme Kleine so lange von Haus zu Haus, von Ort zu Ort, bis sie, – möge es euch nicht treffen – krank wurde.

In Radziwill, an der Grenze, ließen sie das kranke Kind hinter einem Zaun liegen und gingen über die Grenze. Jag' dem Winde nach! Halb nackt, mit braunblauen Zeichen erlittener Mißhandlungen lag das Mädchen in Fieberhitze da. Mitleidige Leute hoben es auf und trugen es ins Spital. Es überstand einen Typhus und kam, auf beiden Augen blind, heraus! Und jetzt bettelt das arme Kind, geht von Haus zu Haus, von Tür zu Tür. Und spricht fast gar nichts. Sie kann mit Worten nicht betteln. Sie stellt sich hin und wartet – sieht man sie nicht, so fängt sie zu singen an, damit man sie höre. Und es ist die Leierkastenmelodie!

Und was kündet sie jetzt?

Sie bittet um Barmherzigkeit, um Mitleid für ein unglückliches Kind.

„Böse Menschen haben mich einem gutem Vater, einer lieben Mutter, aus einem warmen, weichen Nest gestohlen. Man hat mich aus allem Glück gerissen, mich ausgenutzt und dann weggeworfen wie eine Nußschale. Mitleid mit einem armen, armen Kinde!"

Und weiter: „Es ist kalt, und ich bin nackt, und Hunger hab' ich. Und hab' keinen Ort, den müden Kopf auszuruhen. Und blind bin ich auch noch obendrein!"

So fleht das Lied. Und das war seine erste Stufe nach oben: Es bewog zum Almosengeben!

Da war in Radziwill ein Thoragelehrter, ein Lamden. Er war keineswegs ein Gegner der Chassidim, und sicherlich kein streitbarer Mensch. Er hatte nur die Zeit nicht, zum Rebben zu fahren. Er klappte nie den Talmud zu. Er hatte Angst, im Thorastudium gestört zu werden. Darum pflegte er auch lieber zu Hause als im Lehrhaus zu sitzen und zu lernen. Die Frau ist ja den ganzen Tag im Geschäft, die Kinder sind in der Schule.

Manchmal durchflog seinen Kopf der Gedanke: Vielleicht fährst du doch irgendwohin? Wahrscheinlich eine Einflüsterung des guten Triebes. Was tat da aber immer der böse Trieb? Er verkleidete sich als guter Trieb und antwortete: „Gewiß soll man mal zum Rebben fahren! Aber es ist noch Zeit, bis dieser, jener Abschnitt beendigt ist!" So gingen Monate und Jahre vorüber.

Offenbar wollte man aber im Himmel, daß er doch zu Reb Dowidl komme. Geschah also folgendes: Eines Tages, der Lamden sitzt und lernt, hört er vor seiner Tür singen. Zuerst wird er über sich selber böse: Wenn man sitzt und lernt, darf man nicht hören, was auf der Gasse und vor der Tür vorgeht. Man muß in der Thora aufgehen. Da er aber doch weiter hört, verstopft er sich die Ohren mit den Fingern. Dennoch schleicht sich das Lied, unter den Fingern durch, hinein. Sein Ärger wird noch größer. Zornig streckt er den langen Bart in den Mund, beißt und lernt weiter. Mit Willensanstrengung lernt er.

Die Melodie läßt nicht ab. Er hört sie immer schärfer

und wird gewahr, daß es eine Frauenstimme ist. Ein Mädel singt! Da schreit er laut auf: „Freche Person, fort von meinem Hause!" Das Lied entfernt sich. Aber, o Schrecken! Man singt nicht mehr, und er hört doch weiter. Die Melodie singt allein in seinem Ohr, in seiner Seele. Er sieht krampfhaft ins Buch hinein, will sich in den Stoff hineinarbeiten. Es gelingt ihm nicht. Seine Seele wird des Liedes immer voller.

Er klappt den Talmud zu und stellt sich hin, um das Nachmittagsgebet zu verrichten.

Er kann auch nicht beten! Wie ein silbernes Glöckchen klingt die Weise in ihm. Er hält's nicht aus. Er vergeht buchstäblich vor Leid. Der Tag zieht vorüber, ein zweiter, ein dritter verstreicht – der Mann verfällt schier in Schwermut. Er fastet, es hilft ihm nicht. Er kann die Melodie nicht loswerden. Sie weckt ihn nachts aus dem Schlafe.

Und er hat sein Lebtag auch nicht einmal das Nachmittagsgebet und erst recht nicht am Vorbeterpult laut gebetet, hat fast nie einen singenden Ton von sich gegeben! Am Schabbat pflegte er die Schabbatlieder einfach zu lesen und statt des unterlassenen Gesanges einen Abschnitt aus dem Talmud zu lernen.

Es kann also nicht mit rechten Dingen zugehen. „Satanswerk!" denkt er und verzweifelt ganz. „Jetzt muß zum Rebben gefahren werden!" Aber der böse Trieb fragt: „Ja, fahren, doch wohin? Chassidische Rebben gibt's eine Menge, welcher ist der wahre Zaddik, der Gerechte Rebbe, bei welchem kann man wirklich etwas richten?" fängt der Lamden zu sinnen an.

Da kommt ein Wink von oben. Reb Dowidl Talner muß fliehen, und reist gerade durch Radziwill.

Ihr kennt wahrscheinlich die Geschichte von der Denunziation. Und ich sage euch, daß es eine Strafe war. Man hätte Reb Dowidl nicht aus Wassilkow herauslocken und nach Talne führen sollen! Man hätte nicht eine Stadt beschämen sollen. Wassilkow ist doch ganz zugrunde gegangen. Die Gasthäuser mußte man schließen. Die Herbergen sind ruiniert worden. Sie sind auf trockenes Brot gekommen, – möge euch's nicht treffen!

Und nun – eine Denunziation, und auch Talne geht zugrunde.

Reb Dowidl besaß einen goldenen Stuhl, auf dem ein Bibelspruch eingraviert war: „David, König von Israel, lebt." Daraus machen russische Spitzel eine politische Sache, und diese gelangt bis nach Petersburg. Wir wissen ja, daß unter einem König auch ein Weiser zu verstehen ist. Aber geh', erklär's den Generälen in Petersburg.

Kurzum, Reb Dowidl muß flüchten und hält sich auf der Durchreise am Schabbat in Radziwill auf, und unser Radziwiller Lamden geht zu Schaleschides. Der böse Trieb hat sich aber noch immer nicht unterworfen. Der Lamden tritt ein und sieht an der Spitze der Tafel ein Männchen, ein winziges Männchen sitzen. Man sieht nichts als eine große, sehr große Pelzmütze und silberne Haare, die über das Gesicht fallen. Schweigend sitzen alle da, ohne gelehrte Unterhaltung. Da wird ihm, dem Lamden, so schwer ums Herz.

„Das ist alles, weiter nichts?" denkt er.

Aber Reb Dowidl hat ihn schon erblickt:

„Setz' dich, Lamden!"

In demselben Augenblick kam er zu sich. Schon hat ihn ein Blick Reb Dowidls gefaßt und ihn an der Seele versengt! Ihr habt sicherlich schon von den Blicken des Talner gehört. Darin war Majestät, Heiligkeit, Kraft. Was ihr wollt, war in seinen Blicken.

Und dieweil er zum Lamden gesagt hat: „Setz' dich!", schaffte man diesem sofort Platz am Tische. Er setzt sich hin und wartet .

Und wie Reb Dowidl weiter sagt: „Der Lamden darf uns ein Lied zum besten geben!", weicht alles Blut aus dem Antlitz des Lamden. Er und ein Lied! Aber irgend jemand faßt ihn schon an der Schulter: „Wenn Reb Dowidl befiehlt, folgt man!" Und so singt er!

Er beginnt, nebbich, zitternd, stammelt kaum den Anfang einer Melodie hervor. Und was wird er singen, der Lamden? Wahrscheinlich das Lied des Waisenkindes. Er kennt ja kein anderes. Und er zittert und stammelt und singt, und die Melodie wird weiter und ändert sich. Sie atmet schon den Geruch der Thora, ist schon von Schabbatheiligung durchtränkt, vom Reuegefühl eines Lamden erfüllt. Und im Singen beginnt er, der Lamden, das

Lied zu empfinden, und singt von Minute zu Minute besser und feiner.

Und mittendrin beginnt Reb Dowidl, wie es seine Gewohnheit ist, leise mitzubrummen. Die Leute hören es und brummen mit. Die Runde gibt dem Lamden Feuer. Er ist schon außer sich – er singt wirklich!

Die Melodie strömt schon wie ein Feuerstrom um die Welt, wie ein lodernder Fluß. Die Wellen gehen immer weiter und höher, immer feuriger und flammender! Bald wird's der Melodie zu eng im Zimmer. Sie stürzt durch die Fenster auf die Straße hinaus, ein Meer von Heiligkeit, von glühender Heiligkeit. Und erstaunt und erschrocken ruft die Menge auf der Straße: „Das Lied des Waisenmädchens! Das Lied des Waisenkindes!"

Der Melodie kam die Erlösung und dem Lamden auch. Reb Dowidl rief ihn vor der Abreise beiseite.

„Lamden", sagte er zu ihm, „du hast eine jüdische Tochter beschämt. Du hast dich auf den Ursprung ihrer Melodie nicht verstanden! Hast das Mädel eine freche Person gescholten!"

„Legt mir, Rebbe, eine Buße dafür auf", bittet der Lamden.

„Nicht nötig", antwortet der Rebbe (sein Andenken zum Segen!), „statt der Buße tu' lieber eine Mizwe."

„Was für eine Mizwe, Rebbe?"

„Verheirate das Mädel! Eine Braut ausstatten ist eine große Mizwe!"

Nun höret aber die andere Seite der Geschichte:

Erst mehrere Jahre später, als das Mädel schon längst einen Witwer, einen Thoraschreiber, geheiratet hatte, erfuhr man ihren Ursprung. Es stellte sich heraus, daß sie eine Enkelin des alten Katzner war. Dessen Schwiegersohn nämlich, der Kiewer, und seine Frau waren einmal für den ganzen Abend ins Theater gegangen – und damals war ihnen ihr einziges Kind gestohlen worden.

Man konnte ihnen aber die Tochter nicht mehr zurückgeben. Die Mutter war schon lange tot und der Vater schon lange in Amerika.

DER STREIMEL

Ein Kürschner bin ich, hauptsächlich aber – ein Streimelmacher[16]. Wahr ist nun aber, daß ich den größten Teil meines Einkommens von Bauernkitteln und Trägerpelzen habe.

Zuweilen verirrt sich auch Leib, der Müller, mit seinem Schafspelz zu mir.

Wahr ist auch, daß selten, sehr selten ein Streimel bestellt wird. Denn – wer trägt heute einen Streimel? Höchstens ein Rabbi, und den überlebt stets sein Streimel.

Wahr ist endlich, daß ich, wenn schon einmal ein Streimel bestellt wird, es umsonst oder halb umsonst mache. Zumindest zahle ich meine Arbeit drauf. Das alles gestehe ich zu, und doch bin ich hauptsächlich ein Streimelmacher, weil ich einen Streimel gerne mache.

Sobald ich es in die Hände kriege, fühl' ich erst, was ich bin und kann!

Wovon denn, saget doch selber, soll ich Freude haben?

Ehemals pflegten mich auch die Bauernkittel zu freuen.

---

[16] Streimel: Flache, runde Mütze, die mit einem sehr breiten Rand aus meist kostbarem Pelz versehen ist.

Erstens: Warum nicht?

Zweitens dachte ich mir: Das Bäuerlein gibt uns Brot. Es arbeitet im Sommer so schwer und bitter, und ich kann ihn nicht vor der Sonne schützen. So will ich ihn wenigstens im Winter, wenn er ruht, vor der Kälte behüten!

Und drittens hatte ich ein feines Liedel dazu!

Jung war ich, ich hatte eine Stimme wie eine Glocke, und pflegte beim Nähen zu singen:

„Stech Nadel stech,
's Leder wie's Blech,
's Futter wie die Bürst',
so näht sich's Kittele fein,
dem Bäuerle wird's warm darin sein –
Mariechen, ich hab Durst!"

Und so weiter, noch einige Strophen. Natürlich war das ganze Lied nur wegen des Schlusses gemacht, um zuletzt reimen zu können: „Marjem-leb, mech darscht! Mariechen, ich hab Durst!"

Ihr müsset nämlich wissen, daß die heutige achtbare Frau Marjem Dwosche damals noch nicht Vorsteherin war. Sie nannte mich nicht wie heute: Berl Kolbas, das heißt Würschtel, sondern Berele und ich pflegte Marjem-leb zu ihr zu sagen. Wir hatten uns sehr lieb, und kaum hörte sie den Schlußreim: „mech darscht", so reichte sie mir schon ein bißchen Weichselschnaps. Schnaps wirkt aber aufs Blut und ich pflegte sie auch sofort beim Kleid zu packen und ihr einen brennenden

Kuß auf die roten Kirschen zu geben. Doppelt erfrischt, nahm ich dann wieder die Arbeit vor.

Heute gibt's keine Kirschen mehr!

Ich heiße Berl Kolbas und sie Marjem Dwosche.

Auch erfuhr ich, daß es wenig Erde und viel, man sagt sogar: zuviel Bauern gibt, daß die überschüssigen Bauern Hunger leiden, daß man selbst von sechs Morgen Land nicht leben kann und daß daher der Bauer auch im Winter nicht ruht.

Da beginnt erst die Arbeit mit dem Fuhrwerk!

Eine schöne Ruhe ist das im Winter! Ganze Tage und Nächte fährt er Weizen in Leibels Mühle!

Wie glaubt ihr? Kann ich lachen, wenn meine Kittel, meine Arbeit, den ganzen Winter über auf den Rücken anderer naß werden, wenn der Bauer seinen zwei Schindmähren nachtrottet, welche Leibels, des Müllers, Getreide fünf Meilen weit für dreizehn Groschen per Sack schleppen?

Und was erlebe ich nun schon an einem Trägerpelz?

Den ganzen Winter trägt er Mehlsäcke in Leibels, des Müllers, Mühle und über den Sommer liegt er für achtzehn Groschen in der Schenke versetzt. Wenn man ihn mir im Herbst zum Ausbessern bringt, riecht er noch so stark nach schlechtem Branntwein, daß ich davon einen Rausch kriege.

Und glaubt ihr etwa, ich hätte von Leibels, des Müllers, Schafspelz, selbst, wenn er mir in die Hände kommt, besonderes Vergnügen?

Es ist allerdings ein Schafspelz, und eine große Ehre
für mich, und man hat in der Stadt Respekt vor ihm.
Aber für mich springt nichts Gutes dabei heraus.

Ich hab' eine schlechte Gewohnheit bekommen: über
alles, was ich sehe, mir Gedanken zu machen. *Woher* es
kommt? *Warum* es so ist? Ob es nicht *anders* sein kann?
Und wie ich Leibels, des Müllers, Pelz in die Hand be-
komme, beginne ich nachzudenken:

Herr der Welt! Warum hast du soviel Arten von Pelzen
geschaffen? Warum hat der eine einen Schafspelz, der
zweite einen Trägerpelz, der dritte einen einfachen Kittel und der vierte gar nichts?

Und kaum beginne ich nachzudenken, verliere ich
mich in den Gedanken, und die achtbare Frau Marjem,
sie soll leben, wirft mir, was ihr gerade in die Hand
kommt, an den Kopf. Sie will wie alle anderen, daß Berl
Kolbas weniger nachdenken und mehr arbeiten soll.

Doch was kann ich dagegen tun, daß ich nachdenken
muß! Daß ich daran denken muß, daß sich Leibel, der
Müller, nicht früher den Schafspelz herrichten läßt, bis
er nicht einen Groschen per Sack beim Kittel und ebenfalls einen Groschen per Pud bei dem Trägerpelz abge-
zwackt hat.

Kann ich also daran Freude haben?

Ah! Fast habe ich etwas vergessen!

Eine Woche vor den Bußgebeten zu Neujahr bekam
ich beinahe eine neuartige Arbeit. Was Weiber imstande

Der Jude in Rot, 1915

sind! Kommt Freidel, die Vorsteherin, mit schrecklich großen Handschuhen an den Händen herein. Ich seh' näher zu, sind's Bauernstiefel. Ich glaubte, vor Lachen bersten zu müssen.

„Guten Morgen!" sagt sie mit ihrer süßlichen, abgehackten Stimme, „guten Morgen, Berele!"

Sie ist die Freundin meiner Frau, und nennt mich, genau wie die ganze Stadt, immer nur Berl Kolbas. Heute aber: Berele! Und so süß! Eingekochtes daraus zu machen! Das verstehen wir! Braucht sie etwas von mir...

Ich denke mir, daß sie die Bauernstiefel von einem Wagen „herabgezogen" hat (es ist doch nicht schlimmer, als das Kleingeld aus der Spendenbüchse zu nehmen) und sie bei mir verstecken will. Drum frag' ich sie streng:

„Was wollt Ihr?"

„Warum gleich so aufgeregt?" antwortet sie noch süßer, Honig rinnt ihr von den welken Lippen. Und sofort: „Was wollt Ihr? Und wo blieb der ‚Gut Jahr'-Gruß!"

„Meinetwegen ‚Gut Jahr' – ! Aber nun rasch!"

„Warum so eilig, Berele?" lächelt sie noch süßer. „Ich kam dich fragen, ob du nicht etliche Stücke Futter hast."

„Und wenn ich sie habe?"

„Würde ich dir ein Geschäft antragen."

„Nun? Heraus mit der Sprache!"

„Wenn du ein guter Berele bist, so fütterst du mir die Stiefel mit ein paar Stückchen Futter aus. Ich kann dann zu Neujahr die Betstube besuchen und du kommst billig zu einer Mizwe".

Ihr versteht doch was von Geschäften? Eine billige Mizwe!

„Ihr wißt doch", antworte ich ihr, „daß Berl Kolbas nicht mit Mizwes handelt?"

„Wie denn? Von einer armen Frau willst du Geld nehmen?"

„Nein, kein Geld! Ich will Euch's für eine Kleinigkeit machen!

Ich werde Euch die Stiefel füttern, und Ihr erzählt mir von Euren Jugendsünden."

Das will sie nicht, und ich schicke sie zu einem Buchbinder!

So füttere ich halt keine Schuhe aus! Das Leben widert mich ohnehin an! Ihr lacht? Und doch, wenn ich keinen Streimel hab', ist mir alles zuwider! Denn wofür arbeite ich? Nur um das bißchen Lehm anzusammeln! Und womit zu sammeln? Mit Brot und Kartoffeln, Brot ohne Kartoffeln, und oft genug mit Kartoffeln ohne Brot!

Glaubt mir, wenn ein Mensch fünfzig Jahre arbeitet und fünfzig Jahre täglich Kartoffeln ißt, muß ihn das Leben anwidern, muß ihm einmal der Gedanke kommen, sich oder Leibel, dem Müller, etwas anzutun! Wenn ich aber meine Kartoffeln doch ruhig weiteresse und weiter arbeite, so habe ich es nur dem Streimel zu verdanken!

Wenn ich einen Streimel in die Hand kriege, wird mir das Blut in den Adern wieder frisch, weiß ich wieder, wofür ich lebe!

Wenn ich an dem Streimel arbeite, fühle ich, daß ich einen Vogel in der Hand halte und daß er fortfliegen wird, sowie ich sie öffne, fort, in die Höhe, bald nicht mehr zu sehen!

Und ich werde dastehen, ihm nachsehen und jubeln: Das ist *mein* Vogel, *ich* hab' ihn gemacht, *ich* hab' ihn in die Höhe geschickt!

In der Gemeinde habe ich gottlob nicht mitzusprechen, zu Versammlungen lädt man mich nicht. Selbst geh' ich nicht, ich bin ja kein Schneider. Ich komme fast nicht in die Gasse! Ich hab' kein Betpult, weder in der Synagoge, noch im Lehrhaus, noch bei einer Lerngemeinschaft. Ich hab' in nichts dreinzureden, nirgends zu schaffen. Zu Hause kommandiert Frau Marjem. Bevor ich noch den Mund zu öffnen versuche, um ein Wort zu reden, läßt sie schon Flüche auf mich herunterhageln. Sie weiß schon im voraus, was ich sagen werde, was Berl Kolbas meint, und ist in Siedehitze!

Was bin ich also? Ein Nichts! Und doch, wenn ich einen Träger meines Streimels, einen Rebben, auf die Gemeinde loslasse – dann knickt die Gemeinde zusammen.

Ich sitze still zu Hause, aber mein Streimel sitzt oben bei einer Hochzeit, einer Beschneidung, bei einer Bar-

Mizwah. Bei einer Wahl, einer Sitzung des Rabbinatsgerichts ragt er über alle Köpfe hinweg.

Und wenn ich mich daran erinnere, dann freue ich mich wirklich.

Mir gegenüber wohnt ein Posamentierer. Ich beneide ihn wahrhaftig nicht!

Soll nur mal einer seiner Betreßten oder Betroddelten – auch nur *einen* Ochsen für trefe[17] und einen zweiten für koscher erklären! Wollen mal sehen! Wenn aber mein Streimel vier Ochsen der Reihe nach für trefe erklärt, geht's dem Fleischer schlecht, die Fleischerburschen müssen den Mund halten, die ganze Stadt hat eine neue Fastenzeit und eine ganze Kompagnie Kosaken kriegt Fleisch zu sechs Groschen das Pfund. Und nichts zu machen. Keiner wagt ein Wort dagegen!

Das heißt Kraft!

Ich erinnere mich doch! Vor einigen Jahren war ein großes Schafesterben.

Die Schäflein sollen dabei so eigenartige Drehungen gemacht haben, bis sie die Köpfchen verdrehten und tot umfielen. Ich war nicht dabei. Drehungen sind Drehungen. Doch Jankel, der Fleischer, hatte natürlich billiges Schafleisch.

---

[17] trefe – koscher: Rituell unreine bzw. reine Speisen, aber auch Gegenstände. Die Entscheidung, ob insbesondere Fleisch koscher ist, obliegt dem Rabbiner, der dazu die Tiere begutachten muß. Für „trefe" erklärte Nahrung darf nicht verzehrt werden. Gegenstände müssen fortgeworfen werden.

Der Tierarzt kam und sagte: „Trefe!" Kein Mensch kümmerte sich um ihn. Er schleppte verschiedene Tressen- und Troddelnträger herbei. Man stahl ihnen allen das Fleisch unter den Händen weg, und noch am dritten Tag hatte die ganze Stadt billiges Koscherfleisch zum Abendessen.

Meinen Streimel aber bestiehlt man nicht! Er braucht keine Troddeln, keine Tressen, rührt sich auch gar nicht vom Ort. Und doch, solange nicht mein Streimel das Essen erlaubt, tut sich in der ganzen Stadt kein Mund auf!

Vielleicht glaubt ihr, daß die Kraft in dem steckt, was unter dem Streimel ist? Unsinn!

Ihr wißt wohl nicht, was darunter ist?

Ich, gottlob, weiß es!

Dieser Mensch war früher in einem noch kleineren Städtchen Lehrer. Mein Vater, der Friede sei mit ihm, hatte es damals noch nicht heraus, daß aus mir nichts werden würde, und schickte mich zu ihm. War das ein Unglücksmensch, daß sich Gott erbarm! Einen zweiten hat die Welt nicht! Ein Schatz von einem Kinderlehrer!

Als die Leute sahen, daß er nicht weiß, wie Geld aussieht, zwackten sie ihm bald die eine Hälfte des Gehaltes ab und zahlten ihm die andere mit verwetzten Zweiern statt mit Dreiern, oder mit Blech-Vierzigern. Die Lehrersfrau sah ein, daß sie im Guten nichts ausrichten werde, und gewöhnte sich, ihn täglich am Bärtchen zu zupfen.

Ihr braucht ihr das gar nicht übel zu nehmen! Erstens fehlte es am Nötigen. Zweitens zupfen die Frauen gerne. Drittens hatte er schon so ein Bärtchen, das gezupft werden wollte, das förmlich danach schmachtete! Es hat so augenscheinlich darum gebeten, daß selbst wir Schüler uns nicht enthalten konnten, ihm seinen Willen zu tun. Jedesmal mußte sich ein anderer von uns unter den Tisch hinablassen, sich an den Bart des Rebbe heranmachen und ein Haar ausreißen!

Sagt nun selber! Kann in einem solchen Menschen Kraft stecken?

Vielleicht glaubt ihr, daß er mit der Zeit anders geworden ist?

Durchaus nicht! Er hat sich ganz und gar nicht geändert. Ganz dieselben kleinen, erloschenen, eitrigen, ewig erschrockenen Augen!

Wahr ist: Vor Not ist ihm die erste Frau gestorben. Aber was mancht das? Zupft halt die zweite an seinem Bärtchen! Es bittet ja darum, schmachtet danach, man muß ihm den Gefallen tun! Auch mir selbst, so oft ich es sehe, läuft das Wasser im Munde zusammen, so gerne möchte ich zupfen!

Was aber doch geschah? Nichts, als daß ich ihm einen Streimel machte!

Ich bekenne aber, daß es nicht auf meinen Rat geschah! Mir wäre es gar nicht eingefallen.

Die Gemeinde bestellte den Streimel, und ich machte ihn. Doch kaum erfuhr dieselbe Gemeinde, daß der bei

mir bestellte und von mir, dem armen Berl Kolbas, ver-
fertigte Streimel ankommt und nur noch einen Werst
von der Stadt entfernt ist, lief sie voll Freude und Jubel
hinaus! Mit Kind und Kegel liefen sie hinaus, Kranke
verließen die Betten. Man spannte die Pferde aus und
die ganze Gemeinde wollte sich einspannen und meinen
Streimel ziehen. Gott weiß, was für Streitigkeiten daraus
hätten entstehen können! Was für Ohrfeigen, was für
Angebereien. Wenn nicht ein gescheiter Mann den Rat
gegeben hätte, die Mizwa zu versteigern!

Leibel, der Müller, gab mehr als dreihundert Gulden
und wurde das erste Pferd!

Nun? Steckt nicht Kraft in meinem Streimel?

Meine brave Frau nennt mich außer Berl Kolbas auch
noch Lüstling, Frechling, Zotenreißer, Erzlump und was
ihr sonst noch für Namen in den Mund kommen.

Wahr ist: Der Mensch ist kein Schwein! An einem wit-
zigen Worte hab ich meine Freude. Leib, dem Müller,
versetze ich gerne Stiche, ob er dabei ist oder nicht.

Und – wozu es leugnen? Wenn die Dienstmädel drü-
ben im Hofe Wasser schöpfen, blick' ich gerne hin. Sind
ja keine Kohanim[18], die einen erblinden lassen können.

---

[18] Kohanim: Nachkommen des Priesterstammes Levi, die zu Neujahr
in der Synagoge der Gemeinde den Segen erteilen. Dabei ist es nicht
erlaubt, sie anzuschauen. Nach dem Volksglauben besteht die Gefahr
der Erblindung.

Aber, glaubet mir, nicht *das* erhält mich am Leben!

Am Leben erhält mich das Bewußtsein, daß ich in langen Zeiträumen mit meinem Streimel einmal einen Götzen auf die Gemeinde loslasse und daß sich dann alle vor ihm, dem Werke meiner Hände, bücken!

Ich weiß, wenn mir meine brave Frau die Schlüssel über'n Tisch hinwirft, daß mein Streimel ihr das befohlen hat. Um das, was ich sage, kümmert sie sich nicht, aber meinem Streimel *muß* sie gehorchen!

Wenn sie Freitag aus der Fleischbank ohne Fleisch nach Hause kommt und dem Fleischer flucht, so weiß ich, daß der Fleischer ganz unschuldig ist, und daß mein Streimel es ist, welcher das Fleisch für trefe erklärt hat und sie heute keinen Kugel machen läßt.

Ich weiß, wenn sie einen noch ganz brauchbaren Topf auf die Straße wirft, daß eigentlich nicht sie, sondern mein Streimel ihn hinausgeworfen hat. Wenn sie vom Teig ein Stück herauskneift, ins Feuer wirft, die Hände aufhebt und den Balken anglotzt, so weiß ich ganz gut, daß der Balken keine Ahnung davon hat, daß nur mein Streimel das Stück Teig verbrannt hat[19].

Dabei weiß ich, daß meine brave Frau nicht die einzige Tochter der Gemeinde und die Gemeinde nicht das ein-

---

[19] Beim Backen der Schabbatbrote ist es nach rabbinischer Anweisung für die Frauen Pflicht, ein Stück Teig abzusondern als Priestergabe und zu verbrennen. Dabei wird ein Segen gesprochen.

zige Kind Gottes ist; daß die Gemeinde viele solche frommen Frauen und Gott, gelobt sei er, viele, viele solche Gemeinden hat, und daß also ein Streimel über Millionen frommer Frauen zu befehlen hat!

Millionen Schlüssel werden geworfen, Millionen Weiber machen keine Kugel, Millionen Töpfe zerbrechen auf den Straßensteinen, und mit den verbrannten Teigstücken würde ich es unternehmen, ein Regiment Hungerleider zu sättigen!

Und wer macht das alles? Nur meiner Hände Werk! Nur mein Streimel!

Und wieder der Posamentierer! Da sitzt er mir gegenüber. Sein Gesicht glänzt, als wäre es mit Schmalz bestrichen.

Warum glänzt es? Warum funkeln die beweglichen Äuglein?

Er hat ein paar goldene Troddeln gedreht!

Erstens wissen wir, was Gold und was Flitter ist. Und zweitens weiß ich, daß ein paar Troddeln zehnmal mehr Soldaten unter sich haben müssen als Leibels Schafpelz, Kittel- und Trägerpelze. Und soll einmal die größte goldne Troddel probieren, einen Befehl zu erlassen, wie etwa: „Zehn Ochsen sollst du schlachten, aber nur einen halben kochen. Kauen sollst du nichts, aber vielerlei Gefäße haben und die Milz sollst du auf der linken Tellerseite essen!" oder „Von jedem Bissen sollst du ein Stück ins Feuer oder Wasser werfen!" oder „Jeder Bräutigam muß mir zuerst seine Braut zeigen, und jede Braut ihren Bräutigam!" oder endlich „Mit mir alles genießen, selbst bis zum Zerplatzen, ohne mich nicht einmal kosten!"

Der größte General-Troddel wird hierzu nicht genug Phantasie und Keckheit haben! Und wenn schon, müßte er das ganze Land mit neuen Soldaten dicht besäen: Vor jedes Bett wenigstens ein paar Kosaken hinstellen, damit einer den zweiten, und beide – das Bett hüten.

Und wieviel würde auch dann noch gestohlen, geschmuggelt und betrogen werden! Herr der Welt, könnt' ich das im Vermögen haben!

Und mein Streimel tut dies alles ganz stille ohne Aufsehen, ohne Knuten, ohne Kosaken!

Ich sitze ganz ruhig in meinem Zimmer und weiß, daß ohne meines Streimels Erlaubnis kein Moischele sich einer Chanele nähern, ihr keinen Blick zuwerfen wird!

Gott behüte!

Im Gegenteile, wenn mein Streimel so einem Moischele oder einer Chanele etwas Unrechtes anhängt – ist's gefehlt! Du kannst davon nicht mehr loskommen, es sei denn gleichzeitig auch vom Leben! Willst du aber nicht so lange warten, mußt du bittend, flehend zu demselben Streimel kommen: Streimele, rette! Streimele löse meine Ketten! Befreie mich aus dem Kerker!

An der Straßenecke ist eine Schenke.

Seit meine brave Frau eine Vorsteherin geworden ist und mir nicht mehr Weichselschnaps zubereitet, kehr' ich da manchmal ein, um mich zu erquicken, besonders wenn's Fasttag ist. Jedenfalls bin *ich* doch nicht zu fasten verpflichtet. Es ist ja mein eigener Streimel!

Den Wirt kenn' ich schon lange. Er lebt gewiß nicht von Mizwes und guten Werken. Doch davon will ich jetzt nicht sprechen.

Er hatte zwei Töchter. Zwei Schwestern, Kinder desselben Vaters und derselben Mutter! Zwillinge sogar! So wahr ich ein Jude bin!

Es war nicht möglich, die eine von der anderen zu unterscheiden. Beide voll Anmut, ihnen zum Segen sei's gesagt!

Gesichtchen wie Äpfel, die man zum Fest der Gesetzesfreude auf eine Fahne steckt, duftend wie Gewürzbüchschen am Schabbat, schlank wie Palmzweige zum Laubhüttenfest, und zwei Augenpaare, daß einen Gott beschütze! Blicke wie Brillantenblitze! Und anständige Kinder! In der Schenke und doch weit von ihr! In der heiligen Lade selbst hätten sie nicht besser und sittiger erzogen werden können!

In der Schenke geboren und Königinnen! Kein Trunkenbold sprach ein ungehöriges Wort in ihrer Gegenwart. Kein Wächter, kein Steuerbeamter! Käme auch der größte Mann herein, er würde kaum die Kühnheit haben, eine in die Wange zu kneifen. Nicht mit der Hand, nicht mit dem Auge, nicht einmal in Gedanken. Schier hätte ich behauptet, daß in ihnen eine größere Kraft

Der Metzger, 1910

stak, als in meinem Streimel. Aber da hätte ich mich ordentlich blamiert!

Der Streimel erwies sich als stärker, tausendfach stärker als sie.

Ein Zwilling. Nie sah man eine ohne die andere! Wenn die eine einen Schmerz hatte, fühlte ihn die andere auch. Und doch – wie rasch gingen ihre Wege auseinander!

Taten dasselbe, nur unmerklich anders, und doch! ...

Beide veränderten sich plötzlich. Bald waren sie fröhlicher, bald trauriger und nachdenklicher als früher! Ich kann euch nicht schildern, was mit ihnen geschah. Die passenden Worte liegen mir auf der Zunge, aber ich kann sie nicht herunterstreifen. Ich habe ja nichts gelernt. Nur soviel. Es wurde etwas tiefer, fester, und zugleich trauriger und süßer in ihnen.

Und man wußte, wer daran schuld trug. Man zeigte sich die beiden Moischelech, deren Werk es war, daß die beiden Chanelech noch schöner, noch besser, noch anmutiger, noch höher wurden.

Ach! Ich hab' eine andere Sprache bekommen, die gar nicht zu einem Kürschner paßt. Tränen haben sich mir in die Augen geschlichen. Ziemen sich nicht für meine Jahre.

Meine brave Frau wird mich wieder „Lüstling" nennen.

Ich will euch nicht lange mehr in den Ohren liegen:

Beide Schwestern taten dasselbe, ganz und gar dasselbe. Nicht umsonst waren sie Zwillinge.

Beide hatten sie Moischelech bekommen, und beide mußten bald darauf Zwickel in die Kleider einsetzen.

Schämt euch nicht, das ist so der Lauf der Welt. Gott will es so, warum die Schande?

Und doch wie ganz anders ging es bei beiden aus!

Eine Schwester trug frank und frei ihr Kind: Vor Gott im Bethaus, vor den Leuten auf der Straße, vor dem Wächter, dem Steuerbeamten und allen Gästen in der Schenke! Als die Zeit um war, legte sie sich weit von den Trunkenbolden, in einer stillen warmen Stube in ein weißes Bett.

Man verhängte die Fenster, streute Stroh auf die Straße, eine Hebamme kam, der Doktor wurde geholt. Dann gab es Freude. Und welche Freude!

Und ein kleines Moischele begann zu wachsen und zu reifen! Und da sie sah, daß es so gut ist, brachte sie jedes Jahr ein kleines Moischele, und ist eine Hausfrau bis auf den heutigen Tag.

Die zweite dagegen trug in aller Heimlichkeit, wurde in einem Keller von den Wehen erfaßt, eine schwarze Katze stand ihr bei.

Ihr kleines Moischele liegt längst schon hinter irgendeinem Zaun, und weitere Moischelech wird es bei ihr nicht mehr geben! Und nur Gott weiß, wohin sie selber kam. Fort ist sie!

Man sagt, daß sie irgendwo in der weiten Welt dient,

von fremden Tellern leckt, andere sagen, daß sie nicht mehr lebt.

Sie nahm ein böses Ende.

Und der ganze Unterschied kam daher, daß das eine im Hof des Bethauses begangen wurde, feierlich auf einem alten Misthaufen, unter einem Trauhimmel, einem schmutzigen Stück Wollenzeug mit versilberten Buchstaben... aber mit dem Streimel, und das zweite irgendwo in einem singenden Walde, auf frischem Gras mit frischen Blumen, unter Gottes blauem, mit seinen Sternen übersäten Himmel geschah, aber... ohne Streimel.

Es helfen nicht duftende Blumen, nicht singender Wald, nicht Gottes Himmel, nicht seine Sterne, nicht Gott allein!

In ihnen steckt nicht die Kraft. Im Streimel steckt sie! Nicht in Tressen, nicht in Troddeln, nicht in tausendfach schöneren Channeles, sondern nur im Streimel, in dem Streimel, den ich, Berl Kolbas, mache!

Und nur das macht es mir möglich, bloß von Kartoffeln zu leben und doch am Leben zu bleiben.

DES REBBEN TSCHIBUK[20]

Alle, und nicht nur die Alten, erinnern sich noch, daß es Sore Riwke nicht nur an Kindern, sondern auch an Brot fehlte, Gott erbarme sich, ganz einfach an Brot.

Chaim Boruch selbst, ihr Mann, war immer ein großer Chassid, und dies von allem Anfang an, seit ihn sein Schwiegervater – der Friede sei mit ihm, auch er war ein frommer Jude gewesen- aus der Gegend von Lublin geholt hatte. Er war, so erkannte man bald, ein Gefäß, ein Organ der Liebe Gottes, einer, der, wenn auch nicht den Messias zu bringen, so doch wenigstens Wein aus der Wand zu zapfen imstande war.

Er sah schon so aus. In den tiefliegenden, niedergeschlagenen Augen zitterte stets eine Art versteckten Schimmerchens; es war, als ob jemand in einer finsteren Stube mit einem Lichte umherwandele. Das Gesicht war blaß, aber es blühte beim geringsten Anlaß wie eine Rose auf, so fein war seine Haut. An den Schläfen bewegte sich und klopfte etwas beständig. Und ein einfacher Jusefower Gürtel ging diesem Menschlein zehn- oder auch mehrmal um den Leib.

---

[20] Tschibuk: Lange türkische Tabakspfeife mit kleinem Ton- oder Meerschaumkopf.

Selbstverständlich gab er sich nicht bloß schlechthin mit Lernen ab. So einer geht tiefer und tiefer, studiert die Bücher der Kabbala, „Sohar", „Ez Chajim" und was ihr nur selbst wollt. Mit dem Gerechten Rebben, er soll leben, pflegte er stundenlang zusammenzusitzen, wobei sie aber auch nicht ein Wort miteinander sprachen, sondern ihre Unterhaltung mit Blicken und Winken führten.

Sprich nun mit so einem von Erwerbssachen!

Warum nannte man ihn im Lehrhaus „Chaim Boruch Sore Riwkes" oder kurz Sore Riwkes Mann? Warum war er mit allen seinen „Toren der Weisheit" nur ein Anhängsel an dem Topfe Erbsen und dem bißchen Hefe, womit Sore Riwke handelte? Es war wirklich nicht zu verstehen.

Sie selbst, Sore Riwke, hatte viel Kummer. Sie fühlte die große Ehre, daß man ihn nach ihr nannte, aber sie wußte auch, daß sie auf diese Weise mit dem bißchen Vergnügen in dieser Welt abgespeist werde.

Sie pflegte oft, beinahe mehrere Male in der Woche, mit dem Erbsentopf ins Lehrhaus zu kommen.

„Chaim Boruch", schrien die Talmudstudenten, „deine Speiserin kommt!"

Chaim Boruch scheint schon ihren Tritt auf der Treppe erkannt zu haben. Er hat schon längst das Gesicht in den „Sohar" vergraben. Über dem Pult zittert nur die speckige, abgegriffene Spitze seiner Kappe. Aber sie blickt nicht einmal nach der Spitze, überhaupt nicht nach der Richtung hin, wo er sitzt. Sie will nicht sehen, wie Gottes Herrlichkeit über seinem Lernen ruht, sie will ihre Augen nicht schon in dieser Welt mästen. Sie denkt nur an dort! Dort, in jener Welt! Und fühlt doch Wärme im Herzen, Glück.

Manchmal glaubt sie sich fast ein bißchen betrunken wie nach einem ganzen Gläschen Likör auf einem Beschneidungsfest. Die Talmudstudenten pflegen sie dann ein wenig zu betrügen, ihr mehr Restgeld herauszulocken, als ihnen gebührt, oder ihr ganz einfach ein bißchen Erbsen wegzunehmen. Und verloren ist es!

Aus dem Lehrhaus tritt sie aufrechter, größer, mit hellerem, freierem Blick. Es ist ihr gar nicht anzumerken, daß sie schon eine Frau von zwanzig und etlichen Jahren ist! Ohne eine Falte auf der Stirn, mit einem fein geröteten, lieben Gesichtchen, als ob sie erst unter dem Trauhimmel hervorkäme!

Gerade das aber, wenn sie sich daran erinnert, macht ihr Kummer.

Traurig sagt sie sich, daß ihr gar nichts für jene Welt übrig bleibt. Sie wird wie eine gerupfte Gans hinkommen, ohne irgend ein Verdienst auf dem Leibe. Und was tut sie denn auch? Sie wandert mit dem Erbsentopf in der Gasse herum und trägt jeden Donnerstag Hefe in einige Häuser aus.

Was hat er von ihr? Solange der Vater – der Friede sei mit ihm – gelebt hat und das Glücksrad lief, war eine Wohnung da und königlich zu essen und zu trinken. Heute aber? Alle Feinde Zions sollen's nicht besser haben. Die Mitgift war irgendwie verloren, das Häuschen verkauft. Des Morgens Fischgrütze, Kartoffeln mit Wasser! Nachts eine Suppe mit altbackenem Brot. So sieht sein Diesseits aus. Schon sieben Jahre hat sie ihm nicht einen Rock gemacht. Von Pessach bis Pessach ein Hut, ein Paar Stiefel, weiter nichts. Jeden Schabbat gibt sie ihm ein Hemd heraus. Ein Hemd? Ach was, Spinnweben! Sie muß schon eine Brille tragen – wegen der Hemden: Flicken auf Flicken, sonst nichts.

„Herr der Welt!" sinnt sie, „wenn man in jener Welt einen Buchstaben seiner Gelehrsamkeit auf eine Waagschale legen wird, auf die zweite alle meine Suppen und Fischgrützen zusammen mit meinen Augen, welche Waagschale wird sinken?"

Wohl weiß sie, daß, was in dieser Welt verknüpft ist, auch in jener verbunden bleibt! Daß man dort Mann und Frau nicht so geschwind voneinanderreißt. Und wird er's denn zulassen? So ein Brillant, wie er ist! Sieht sie denn nicht, wie er just will, daß auch sie vom Essen koste. Lächerlich! Er darf doch nicht reden, aber er winkt mit den Augen. Und wenn sie sich stellt, als sehe sie's nicht, brummt er wie mitten im Achtzehngebet. Nein, er wird sie nicht fortlassen. Er wird sich nicht damit zufriedengeben, selbst auf dem Großvaterstuhl zwischen den Stammvätern Abraham, Isaak und Jakob und anderen Frommen zu sitzen, während sie irgendwo in wüsten Wäldern herumlungern muß.

Doch was nützt es? Erstens wird sie sich einfach schämen müssen, vor den vier Stammüttern[21] die Augen zu erheben. Die Scham wird sie versengen. Dann hat sie keine Kinder, und „Jahre ziehen, Jahre fliehen". Sieben Jahre wohnen sie schon zusammen, noch drei Jahre, und – die Scheidung kann er verlangen!

Wird sie denn irgendeine Einwendung dagegen machen?

Eine andere wird sein Schemel im Paradies sein, und sie wird mit Gott weiß was für einem Schneider irgendwo in der Hölle dahinkümmern.

Und gebührt ihr denn mehr?

Mehr als einmal träumt sie von einem Schneider oder einem Schuster und fährt mit einem Schrei in die Höhe. Der Mann wacht erschrocken auf. Er fragt hin und wieder: „Was ist denn?" Sie antwortet: „Nichts." Sie weint, betet zu Gott, daß Segen in die Erbsen oder in die Hefe komme.

Und er war wirklich ein Brillant! Eine närrische Frau, denkt er, um was es ihr da geht. Doch muß man immerhin etwas dazu tun. Vielleicht wird sie dann eher manchmal etwas in den Mund nehmen, sich etwas gönnen.

Er suchte und suchte in den Folianten. Aber oft findet man ja gerade das nicht, was man sucht. Derlei Gedanken kommen von ungefähr, ganz unerwartet. Manchmal glaubte er schon auf der richtigen Fährte zu sein, da

---

[21] Stammütter: Sara, Rebekka, Rachel und Lea.

führte ihn der Satan irre, und er muß von neuem zu suchen beginnen.

So beschloß er endlich, sich darüber mit ihm, dem Gerechten Rebben, er soll leben, zu beraten. Das ging aber nicht so leicht. Das eine Mal hörte der Rebbe nicht, war in Gedanken versunken, ein zweites Mal schüttelte er den Kopf, nicht hin, nicht her. Ein drittes Mal sagte er wohl: „Hm, es wäre wirklich angezeigt", da kam aber jemand ins Zimmer und unterbrach ihn.

Wieder ein anderes Mal fuhr Chaim Boruch extra zum Rebben und fragte:

„Nu?"

„Nu, nu!" erwiderte der Rebbe. Das war alles.

Doch einmal, an einem Feiertag, sitzt Chaim Boruch beim Rebben und seufzt.

„Das gehört sich nicht!" zankt ihn der Rebbe aus, „wer ein Chassid ist, seufzt nicht. Warum denn auch? Was?"

„Die Hefe ..." sagt Chaim Boruch.

„In allen jüdischen Häusern sind schon die Schabbatbrote gebacken", antwortet der Rebbe, „Freitag nach zwölf spricht man nicht mehr von Hefe."

Am Schabbatausgang rückte Chaim Boruch schon deutlich heraus.

„Rebbe", sagte er, „vielleicht würdet Ihr Euch der Sache annehmen?"

Der Rebbe ward wieder böse.

„Und du?" brummte er, „bist du etwa krank? Vor deinem Gebet ist, Gott behüte, der Himmel verschlossen?"

Die Prise, 1923/24

Chaim Boruch hat das „Gott behüte!" gehört, und ein Stein fiel ihm vom Herzen. Doch vergingen wieder ein paar Monate mit nichts.

Zu Neujahr kam er wieder.

Am Ausgang des Festes klopfte ihm plötzlich der Rebbe vor allen Leuten auf die Schulter und fragte:

„Chaim Boruch, was fehlt dir?"

Verlegen antwortete er:

„Nichts!"

„Lüge!" sagte der Rebbe, „dir fehlt etwas."

„Was?" fragte Chaim Boruch zitternd. Auf der Zunge lag ihm schon: „Der Segen in der Hefe und in den Erbsen."

Der Rebbe ließ ihn aber nicht zu Worte kommen und zählte ihm folgende Worte wie Perlen ab:

„Dir, Chaim Boruch, fehlt ein Tschibuk!"

Die Menge wurde starr vor Staunen.

„Du rauchst", fuhr der Rebbe fort, „aus einer Pfeife, wie sie ein Kutscher hat."

Chaim Boruch fiel die Pfeife aus dem Munde. Er konnte kaum stammeln:

„Ich werde es Sore Riwke sagen."

„Sag' es ihr, sag' es ihr. Sie soll dir einen großen Tschibuk kaufen. Nimm dir meinen Feiertagstschibuk als Muster mit. Gerade so soll er sein." Und er gab ihm seinen Tschibuk.

Und das war alles!

Noch bevor Chaim Boruch nach Hause kam, wußte

das ganze Städtchen, daß er des Rebbes Feiertagstschibuk bei sich habe.

„Aus welchem Grunde? Zu welchem Zweck?" fragte man sich in allen Gassen und Häusern. „Zu welchem Zweck?" zappelte es in allen jüdischen Seelen. Und man gab sich selber die Antwort: Wahrscheinlich um des Kindersegens willen.

Chaim Boruch leidet offenbar an dem, woran alle gelehrten Männer leiden. Wahrscheinlich wird der Rauch aus des Rebben Feiertagspfeife auch hierauf wirksam sein! Aha! Noch etwas: Sore Riwke leidet an den Augen. Mit zweiundzwanzig Jahren trägt sie schon eine Brille. Der Rebbe hat sicherlich daran gedacht. Kleinigkeit – Chaim Boruchs Weib!

Und übrigens: Wozu hilft so ein Tschibuk nicht? Und obendrein ein Feiertagstschibuk!?

Noch ehe Chaim Boruch vom Wagen stieg, baten ihn schon hundert Menschen, er möchte ihnen den Tschibuk leihen. Für einen Monat, eine Woche, einen Tag, eine Stunde, eine Minute, einen Augenblick ...

Man wollte ihm dafür mit Gold zahlen.

Er antwortete allen:

„Was weiß ich? Fragt Sore Riwke!"

Das war eine Weißsagung.

Sore Riwke hat nun ein gutes Geschäft.

Achtzehn „Große" für einen Zug aus dem Tschibuk. Achtzehn „Große", nicht einen Groschen weniger.

Der Tschibuk hilft. Man zahlt. Sore Riwke hat schon ihr eigen Häuschen, einen schönen Laden, viel Hefe und viel andere Waren darin.

Sie selbst ist voller, gesünder, runder geworden. Sie hat dem Mann schon neue Wäsche angeschafft, die Brille abgelegt.

Vor einigen Wochen kam man für den Gutsherrn um den Tschibuk. Drei Silberrubel wurden dafür hingelegt. Wie denn auch anders.

Und Kinder? – wollt ihr wissen?

Natürlich! Schon drei oder vier. Auch er war ein ganzer Mensch geworden...

Im Lehrhaus aber herrscht ein ständiger Meinungsstreit. Die einen sagen, daß Sore Riwke dem Rebben den Tschibuk niemals zurückgeben will und wird. Andere sagen, daß sie ihn schon längst zurückgegeben hat und jetzt einen anderen besitzt.

Er selbst, Chaim Boruch, schweigt.

Was liegt denn dran? Wenn er nur hilft!

KABBALISTEN

In schlechten Zeiten verliert auch die Lehre Gottes –
bekanntlich die beste Ware – ihren Wert.

Von der Laschtschiwer Talmudschule sind nur mehr
der Leiter, Reb Jekel, und ein einziger Schüler da.
Der Leiter der Schule ist ein alter, dürrer Mann, mit langem, zerzaustem Bart und alten, erloschenen Augen. Lemech, sein geliebter Schüler, ist jung, ebenfalls dürr,
ebenfalls hochgewachsen, blaß, mit schwarzen, gekräuselten Schläfenlocken, brennenden, schwarzen, niedergeschlagenen Augen, heißen Lippen und zitterndem,
spitzem Kehlkopf. Beide haben die Brust entblößt, sind
ohne Hemden, in Lumpen. Der Leiter der Talmudschule
schleppt mit Mühe seine Bauernstiefel nach, dem
Schüler fallen die Holzschuhe von den sockenlosen
Füßen.

Das war von der berühmten Talmudschule übriggeblieben!

Das verarmte Städtchen hatte immer weniger und weniger Essen geschickt, immer seltener einen Freitisch
vergeben. So mußten sich die armen Jünger zerstreuen.
Reb Jekel aber will hier sterben und sein Schüler wird
ihm die Scherben auf die Augen legen.

Und auch sie beide leiden manchmal Hunger. Weil sie
aber wenig essen, schlafen sie auch wenig. Und weil sie

ganze Nächte nicht schlafen und nichts essen, kriegen
sie Lust, die Kabbala zu studieren.

Wenn schon, denn schon. Wenn schon ganze Nächte
gewacht und ganze Tage gehungert werden muß, so soll
wenigstens etwas dabei herauskommen, so sollen es
wenigstens Fasten mit asketischen Übungen sein, so sollen sich wenigstens alle Tore der Welt der Geheimnisse,
Geister und Engel auftun!

Und sie treiben schon einige Zeit Kabbala.

Jetzt sitzen sie am langen Tisch, sind ganz allein. Für
jeden ist's nach dem Mittag und vor dem Frühstück. Sie
sind daran gewöhnt. Der Alte spricht mit verglasten Augen. Der Junge hört, den Kopf auf beide Hände gestützt,
zu.

„Davon gibt es", sagt der Alte, „viele Kategorien: Der
eine versteht ein Stückchen Melodie, der zweite eine
halbe, ein dritter eine ganze Melodie. Der Gerechte Rebbe, sein Andenken zum Segen, hat eine ganze Melodie
verstanden, sogar mit Nachspiel! – Ich", fügte er traurig
hinzu, „bin kaum eines Stückchens wert erachtet worden, nicht soviel..."

Er maß das Stückchen an einem seiner dürren Finger
ab, und fuhr langsam und gedehnt weiter:

„Es gibt eine Melodie mit Worten, eine gar niedrige
Kategorie. Es gibt eine höhere Kategorie: eine Melodie,
die sich selber singt, ganz ohne Worte, eine reine Melodie. Doch auch diese Melodie braucht noch eine Stimme, und Lippen, durch welche die Stimme hinausklingt!

Und Lippen, verstehst du ja, sind doch Körperliches!
Und die Stimme, obwohl ein edleres Körperliches, kör-
perlich ist sie doch!"

„Nehmen wir an, daß die Stimme auf der Grenze zwischen Geistigem und Körperlichem steht."

„Jedenfalls ist die Melodie, die sich in die Stimme klei-
det, und von den Lippen abhängt, noch nicht rein, noch
nicht ganz rein, noch kein wahrhaft Geistiges!"

„Die wahre Melodie aber wird ganz ohne Stimme gesungen, singt sich inwendig, im Herzen, im Innersten!"

„Und das ist das Geheimnis der Worte König Davids:
‚Alle meine Knochen sollen es sagen'. Im Mark der Kno-
chen muß es singen, dort muß die Melodie wohnen, das
höchste Lob Gottes, gepriesen sei er! Das ist nicht die
Melodie von Fleisch und Blut, keine ersonnene Melodie!
Das ist schon ein Teil der Melodie, mit welcher Gott die
Welt erschuf, der Seele, die er in sie goß."

„Und so singen die Himmlischen! So sang der Rebbe",
sein Andenken sei zum Segen!"

Der Vortrag wurde durch einen verwahrlosten Jun-
gen, der einen Strick um die Lenden trug, unterbrochen.
Er war ein Träger. Er kam herein, stellte eine Schüssel
Grütze mit einem Stück Brot auf den Tisch neben den
Alten und sagte mit ordinärer Stimme:

„Reb Tewel schickt dem Leiter der Talmudschule Essen."

Sprach's, machte kehrt und fügte noch im Hinausge-
hen hinzu: „Ich komme später die Schüssel abholen!"

Durch die ordinäre Trägerstimme aus der göttlichen Harmonie gerissen, erhob sich der Alte schwer und ging, die großen Stiefel nachschleppend, zum Becken, um sich die Hände zu waschen.

Im Gehen sprach er weiter, aber mit weniger Begeisterung, und der Schüler folgte ihm von seinem Platze aus mit gespitzten Ohren und brennenden, verträumten Augen.

„Doch", fuhr Reb Jekel in traurigem Tone fort, „ich bin nicht einmal gewürdigt, zu begreifen, was das für Kategorie ist! In welches Tor der Kabbala das gehört! Allerdings", setzt er lächelnd hinzu, „die Übungen und Gebetsformeln, die man dazu braucht, die kenne ich. Ich werde sie dir vielleicht noch heute anvertrauen!"

Dem Schüler springen die Augen aus dem Kopf. Er hält den Mund offen, um jedes Wort einzufangen. Doch der Lehrer unterbricht sich, wäscht sich die Hände, trocknet sie, sagt „Se'u jedechem", kehrt an den Tisch zurück und spricht mit zitternden Lippen den Segensspruch über das Brot.

Mit seinen zitternden, dürren Händen hebt er die Schüssel an. Der Dunst hüllt sein knochiges Gesicht in Wärme. Dann stellt er sie zurück, faßt den Löffel mit der rechten Hand und wärmt die linke am Schüsselrand. Dabei zerdrückt er den Rest des gesalzenen Brotes an den zahnlosen Kiefern.

Nachdem Gesicht und Hände erwärmt sind, legt er die

Stirne in starke Falten, zieht die blauen trockenen Lippen zusammen und beginnt zu blasen.

Währenddem hat der Schüler kein Auge von ihm gelassen. Und als der zitternde Mund des Rebbe dem ersten Löffel Grütze entgegeneilte, packte ihn etwas beim Herzen. Er bedeckte das Gesicht mit beiden Händen und zog seinen Körper zusammen.

Einige Minuten später kam ein zweiter Junge, wieder mit einer Schüssel Grütze und einem Stück Brot:

„Reb Jossel schickt dem Schüler Frühstück!"

Doch der Schüler entfernt die Hände nicht vom Gesicht.

Der Alte legte den Löffel weg und näherte sich dem jungen Mann. Eine Weile blickt er mit stolzer Liebe auf ihn. Dann hüllt er die Hände in den Rockschoß und berührt ihn an den Achseln.

„Man hat dir Essen gebracht", weckte er ihn mit freundlicher Stimme.

Traurig und langsam ließ der Schüler die Hände vom Gesichte gleiten. Und das Antlitz war noch blasser geworden, die Augen flammten noch wilder.

„Ich weiß, Rebbe", erwidert er. „Aber ich will heute nicht essen!"

„Der vierte Fasttag?" fragt der Alte verwundert, „und ohne mich?" fügt er wie vorwurfsvoll hinzu.

„Es ist ein anderes Fasten", antwortet der Schüler, „ein Bußefasten."

„Was sprichst du da? Du – und ein Bußefasten?"

„Ja, Rebbe! Ein Bußefasten. Einen Augenblick früher, als ihr zu essen anfinget, hatte ich einen Gedanken, das Gebot ‚Du sollst nicht Gelüst tragen' zu verletzen."

In der Nacht darauf, zu später Stunde, weckte der Schüler den Rebben. Sie schliefen beide einander gegenüber in der Studierstube.

„Rebbe, Rebbe!" rief er mit schwacher Stimme.

„Was gibt's?" rief der Alte, indem er erschrocken in die Höhe fuhr.

„Ich war jetzt auf der höchsten Stufe."

„Wieso?" fragt der Alte, noch ein wenig verschlafen.

„Es sang in mir."

Der Alte hat sich aufgerichtet.

„Wieso, wieso?"

„Ich weiß es selbst nicht, Rebbe", erwidert der Schüler mit noch schwächerer Stimme, „ich konnte nicht schlafen, so vertiefte ich mich in Eure Worte. Ich wollte durchaus die Melodie verstehen. Und vor großem Leid darüber, daß ich sie nicht verstand, begann ich zu weinen. Alles weinte in mir. Alle meine Glieder weinten vor dem Herrn auf der Welt. Dabei sagte ich die Gebetsformeln, die Ihr mir anvertrautet. Und wunderbar: Nicht mit dem Munde, sondern innen... Von sich selbst! Plötzlich ward es hell. Ich hielt die Augen zu und es war hell, sehr hell, überaus hell!"

„Und?" Der Alte beugt sich näher.

„Da wurde mir von dem Licht so gut, so leicht. Es

Die Tore des Friedhofs, 1917

schien mir, als ob ich nichts wiege, als ob mein Körper das Gewicht verloren habe, als ob ich fliegen könne!"

„Und dann?"

„Dann wurde ich lustig, munter, lachte. Mein Gesicht bewegte sich nicht, auch die Lippen nicht, und doch lachte ich, und so gut, so herzlich, so glücklich lachte ich!"

„Das kam aus der himmlischen Freude! Aber weiter!"

„Dann brummte etwas in mir, wie der Beginn einer Melodie – „

Der Alte erhob sich von seiner Bank und eilte zu seinem Schüler:

„Und nun?"

„Dann hörte ich, wie es anfing, in mir zu singen!"

„Was fühltest du? Was? Was? Sag'!"

„Ich fühlte alle meine Sinne verstopft und verschlossen und innen ein Singen, und wie es sein soll – ganz ohne Worte, so ...“

„Wie?! Wie?!"

„Nein, ich kann's nicht, früher wußte ich es. Dann wurde aus dem Singen... aus dem Singen...“

„Was wurde daraus, was?"

„Eine Art Spiel, als hätt' ich eine Geige innen. Oder als säße Jojne, der Musikant, in mir und spielte Schabbatgesänge, wie beim Rebben bei Tisch! Nur noch besser, noch feiner, noch geistiger! Und ganz ohne Stimme, ohne irgendwelche Stimme. Reine Geistigkeit!"

„Wohl dir! Wohl dir! Wohl dir!"

„Nun ist alles fort!" sagte traurig der Schüler, „meine Sinne haben sich wieder geöffnet. Und ich bin so müd', so... mü...d ... müd! Daß ich...“

„Rebbe!" schrie er plötzlich auf, nach dem Herzen greifend, „Rebbe, sagt das Sündenbekenntnis mit mir! Man holt mich! Es fehlt dort ein Sänger unter den Himmlischen! Ein Engel mit weißen Flügeln! ... Rebbe! Rebbe! Sch'ma Jissroel[22]! Sch'maaa ... Jiss ...“

Es war keiner in dem Städtchen, der sich nicht solchen Tod wünschte. Nur für den Leiter der Talmudschule war's noch zu wenig.

„Noch einige Fasttage", ächzte er, „und er wäre unter Gottes Kusse gestorben!"

---

[22] Sch'ma Jissroel: Glaubensbekenntnis, das im Sterben gesagt wird – „Höre Israel! Der Ewige, unser Gott, ist ein einziger Gott!"

Nachwort

Der Schriftsteller Isaac Leib Perez (1852 – 1915) und der Maler Marc Chagall (1887 – 1985) gehören zu denjenigen Künstlern, die das Leben und die Geschichten des osteuropäischen Judentums am eindringlichsten überliefert haben.

I. L. Perez berichtet in seinen knappen, von der direkten Rede bestimmten Sätzen über das Leben der Schtetlbewohner, ihren mühseligen Alltag, der geprägt ist von einer unerschütterlichen Frömmigkeit und der Gewißheit, im Abglanz der Gottesherrlichkeit in der kommenden Welt zu leben. Den einfachen Menschen begegnen wir in M. Chagalls unbekümmert naiv gezeichneter Dorfwelt. In bunter Farbigkeit schildert er eine kindliche Weltsicht voll von Wahrheit und tiefer religiöser Empfindung.

Isaac Leib Perez, einer der Wegbereiter der jiddischen Literatur, wurde in einer angesehenen jüdischen Familie in der polnischen Stadt Zamosc geboren. Er erhielt eine sorgfältige Erziehung, die das Wissen der Aufklärungszeit mit dem traditionellen Thorastudium verband. Schon zu Beginn seiner Laufbahn als Jurist einer Gutsverwaltung bei Zamosc schildert er in hebräischen und polnischen Gedichten das Leben der jüdischen Menschen seiner Heimat, wobei er auch soziale Aspekte mitanspricht. Nach dem Verlust seiner Stellung und seines Vermögens läßt er sich 1888 in Warschau nieder und wendet sich ganz der Schriftstellerei zu. Sein eigentliches Thema wird die Darstellung jüdischen Lebens und jüdischer Geschichten, die er nun, angeregt durch Scholem Aleichem, auf Jiddisch verfaßt. Die Spontaneität und die Farbigkeit des Jiddischen setzt er unmittelbar in die direkte Rede um; seine Gestalten entwickeln ihre Persönlichkeit im Zwiegespräch mit sich selbst oder dem Leser. Diese direkte Darstellungsweise bewirkt eine Expressivität, der alles Folkloristische fernliegt, da sie die ärmliche Existenz der Schtetlbewohner immer wieder grell aufleuchten läßt. Zugleich wird dieses Elend überstrahlt von dem Vertrauen auf Gottes Gerechtigkeit, der Liebe zur Thora, der Gesetzesfreude und der nahezu mystischen Verehrung des Gerechten, des chassidischen Rebben.

Marc Chagall, eine Generation jünger als I. L. Perez, wird im russischen Witebsk als Sohn einfacher Kleinbürger geboren – die Mutter führte einen Kramladen und der Vater war Heringsverkäufer. Er kann trotz der religiös sehr traditionell eingestellten Familie Malerei studieren, zunächst in Witebsk selbst und dann in Petersburg und Paris. Von 1914 – 1922 lebt er wieder in Witebsk und später in Moskau. In dieser Zeit des Krieges und des revolutionären Umbruchs legt er den Grundstein für sein gesamtes späteres Schaffen. Tief beeindruckt von der Entdeckung der jahrhundertealten jüdischen Volkskunst und der damals entstehenden Literatur des Jiddischen wendet er sich der Darstellung des jüdischen Dorfes, des Schtetls und seiner Bewohner zu. Dabei übernimmt er nicht nur Motive und den stilistischen Duktus der jüdischen Volkskunst, sondern auch die von der Literatur bestimmten Volkstypen. So erscheinen in seinen Bildern die „Luftmenschen" der Geschichten I. L. Perez', die von beinahe gar nichts lebenden Lastenträger, Sendboten und Thoragelehrten. Ihre schlichten, geradezu ungelenk wirkenden Gestalten auf der Leinwand entsprechen ihrer naiv-schlichten Gemütsverfassung in den Texten. Die unbekümmerte Buntheit von Chagall hat in der direkten Wiedergabe des gesprochenen Jiddisch bei Perez ihr literarisches Pendant. Das Losgelöstsein der Figuren vom Bildgrund, die mystisch strahlende Grundstimmung der Bilder von M. Chagall spiegelt die leuchtende Geistigkeit der Gestalten von I. L. Perez.

Die Erzählungen dieser Ausgabe sind dem 1905 im Jüdischen Verlag, Berlin, erschienenen Band I. L. Perez, Ausgewählte Erzählungen und Skizzen, entnommen. Ohne Inhalt und Form zu verändern, wurden vor allem Orthographie und Interpunktion dem heutigen Verständnis angepaßt.

A. W.

Bildhinweise:

Ich und das Dorf, 1923/26
50,8 x 45,7 cm, Öl auf Leinwand
Philadelphia Museum of Art

Der Zeitungsverkäufer, 1914
98 x 78,5 cm, Öl auf Karton
Musée National d'Art Moderne, Paris

Mein Vater, 1914
49,4 x 36,8 cm, Wasserfarbe auf Papier, Karton
Russisches Museum, St. Petersburg

Die Erinnerung, 1914
31,7 x 22,3 cm, Gouache, Bleistift, Tinte auf Papier
S.R. Guggenheim Museum, New York

Der grüne Geiger, 1923/24
198 x 108,6 cm, Öl auf Leinwand
S.R. Guggenheim Museum, New York

Die Synagoge, 1917
40 x 35 cm, Gouache
Sammlung M. Diener, Basel

Der Jude in Rot, 1915
100 x 80,5 cm, Öl auf Karton
Russisches Museum, St. Petersburg

Der Metzger, 1910
34,5 x 24,5 cm, Gouache auf braunem Papier
Tretjakow-Galerie, Moskau

Die Prise, 1923/24
42,7 x 35 cm, Aquarell auf Karton
Collection H.B. Katz, Milwaukee

Die Tore des Friedhofs, 1917
87 x 68,6 cm, Öl auf Leinwand
Privatbesitz

─── Schöne  Bücher ───

EDITION
HERDER

Ein anmutiges Buch
zur Ehre der Rosen
und zur Freude ihrer
Liebhaber.

Gertraud Meinel
Rosenwunder
Legenden vom
Geheimnis der Rose

120 S., mit zahlreichen
farbigen Abbildungen,
geb.
ISBN 3-451-23170-0

Ein farbenprächtiges
Lesebuch über das
Leben und die Zeit der
Ritter.

Eva-Maria Muth
Ritterleben
Als Männer noch Ritter
waren

120 S., mit zahlreichen
farbigen Illustrationen,
geb.
ISBN 3-451-23172-7

Charmante irische
Geschichten, bebildert
mit exzellenten Farb-
fotografien.

Frank O'Connor
Irische Kindheit
Liebenswerte Erzäh-
lungen von der grünen
Insel

80 S., mit zahlreichen
farbigen Fotos, geb.
ISBN 3-451-23173-5

Weiterhin in der
Edition Herder:

Albert Camus
Freude des Lichts

Ramón Llull
Die treulose Füchsin

Gautama Buddha
**Das hohe Lied der
Wahrheit**

**Die Geschichten des
Rabbi Nachman**
Nacherzählt von
Martin Buber

In allen Buchhandlungen erhältlich.

─── HERDER ───

2